부동산 세금
사용설명서

부동산 세금 사용설명서

초판 1쇄 발행 2021년 5월 3일

지은이 김성일

펴낸이 조기흠

편집이사 이홍 / **책임편집** 송병규 / **기획편집** 박종훈
마케팅 정재훈, 박태규, 김선영, 홍태형, 배태욱 / **디자인** 이창욱 / **제작** 박성우, 김정우

펴낸곳 한빛비즈(주) / **주소** 서울시 서대문구 연희로2길 62 4층
전화 02-325-5506 / **팩스** 02-326-1566
등록 2008년 1월 14일 제 25100-2017-000062호

ISBN 979-11-5784-506-4 13320

이 책에 대한 의견이나 오탈자 및 잘못된 내용에 대한 수정 정보는 한빛비즈의 홈페이지나
이메일(hanbitbiz@hanbit.co.kr)로 알려주십시오. 잘못된 책은 구입하신 서점에서 교환해드립니다.
책값은 뒤표지에 표시되어 있습니다.

🏠 hanbitbiz.com f facebook.com/hanbitbiz N post.naver.com/hanbit_biz
▶ youtube.com/한빛비즈 📷 instagram.com/hanbitbiz

지금 하지 않으면 할 수 없는 일이 있습니다.
책으로 펴내고 싶은 아이디어나 원고를 메일(hanbitbiz@hanbit.co.kr)로 보내주세요.
한빛비즈는 여러분의 소중한 경험과 지식을 기다리고 있습니다.

부동산 세금 사용설명서

김성일 지음

한빛비즈
Hanbit Biz, Inc.

지금 그리고 앞으로의
내 부동산 자산을 지키는 법

여러 세법의 지속적인 개정으로 이제는 주택과 관련해서는 취득, 보유, 처분 모든 단계에서 본인이 의사결정을 하기 전에 세금 항목이 어떻게 영향을 미치는지 반드시 확인해야 하는 시기입니다. 그러나 반대로 의사결정이 완료되었다면, 그에 따른 주요 항목들을 체크함으로써 발생하는 문제들을 사전에 확인할 수 있습니다. 세금 문제가 정리되지 않아 최종 의사결정 사항이 흔들리는 경우를 너무나 많이 보게 됩니다.

부동산 세금 관련 상담을 진행하다 보면, 뜻하지 않은 내담자의 행보에 당황하게 될 때가 있습니다. 높은 투자수익을 기대하며 이미 양도계약을 체결한 상태에서 신고 대리를 위해 찾아왔다가 추가 세금 납부가 필요하다는 것을 알게 되어 좌절하는 경우, 또는 자신이 무엇을 상담받아야 하는지를 모른 채 방문하여 장황한 설명을 이어가다가 정작 집으로 돌아가는 길에 "실은 제가 아까 이걸 상담받으려고 했었는데요…"라고 전화로 추가 상담을 요청하는 경우입니다.

지속된 개정으로 이제는 따라가기가 더 어려워졌지만 어려울수록 기본부터 차근히 되돌아보아야 하겠습니다. 실수는 어려운 곳에서 발생하지 않습니다. 1세대의 요건을 만족하지 못한다든지, 주택의 정의를 자의적으로 해석하고 적용하여 세금신고를 하는 등 사소한 부분에서 발생합니다. 9억 원 이상의 고가주택 소유자이면서도 '나는 1주택자여서 세금 낼 일이 없습니다'라고 생각하는 경우도 비일비재하고, 주택의 보유기간이 2년 미만이어서 일시적 2주택자 비과세 요건을 만족하지 못하는 상황임에도 비과세 납세자로 분류되어 있다고 생각하는 경우가 있습니다. 오피스텔은 주택에 포함되지 않는다고 지레짐작하여 주거용 오피스텔의 세금신고를 누락하거나, 이혼한 배우자와 같이 거주하고 있으면서 법적으로는 이혼했으니 같은 세대가 아니라고 생각해서 세금신고를 누락하는 경우입니다. 여기에 추가하여 2021년 1월 1일 이후 다주택자가 양도하는 주택에 대해서는 비과세를 위한 보유기간의 판단을 최종 1주택이 된 시점부터 새로 계산합니다.

　이렇게 자신의 오판으로 '나는 해당 사항이 없는데 괜찮겠지!'라고 안심하고 있다가 갑자기 날아온 부동산 세금 고지서에 당황하게 됩니다. 이럴 때 마땅히 문의하거나 논의할 것을 찾지 못해서 속만 태우다가 굳이 내지 않아도 될 세금을 감당하느라 어렵게 장만한 내 집, 내 자산을 제대로 관리하지 못하고 포기하는 경우도 수없이 봐왔습니다.

　미리 알았더라면, 아니 당장 벌어진 상황에서 제대로 대처했더라면 최소한의 비용을 지불하고 어렵게 모은 내 자산을 지킬 수 있었음에도 그러지 못했던 분들을 위해 그동안 부동산 세무상담에서 가장 많이 받아온 대표적인 질문과 그에 대한 답을 정리하게 되었습니다. 또한 2020년에는 다루지 않았던 주택과 조합원 입주권의 비과세 조건과 세법상 요건을 만족하는 장기임대주택과 일반주택 사이에서의 세금 적용 내역을 추가적으로 설명해두었습니다.

특히 부동산은 투기 자본이 흘러드는 시장으로 인식되어 각종 규제 및 세법 관련한 조사가 비일비재합니다. 제대로 알지 못하고 눈앞의 수익에 현혹되어 거래나 투자에 나섰다가는 낭패 보기 십상입니다. 또한 해마다 세법이 개정되고 사항과 상황별로 적용 여부가 달라지는 경우가 많아서 전문가들조차 혼자 단기간에 판단하는 것을 꺼리고, 집단 논의를 거쳐 과세 범위와 금액에 대한 상담을 진행하고 있습니다. 옆사람의 사례가 나에게는 해당되지 않을 가능성이 매우 크기 때문에 나의 판단만 믿어서도 안 됩니다. 그리고 남에게 맡겨버리고 나 몰라라 해서도 안 되는 분야가 부동산과 세금입니다. 거액의 자산을 관리하는 일입니다. 스스로 공부하고 여러 전문가와 상담하여 귀중한 자산을 스스로 지키는 힘을 키우는 데 이 책이 작은 도움이 되길 기원합니다.

그리고 졸고가 독자의 손에 닿을 수 있도록 물심양면으로 도움을 주신 많은 분께 감사의 인사를 전하고 싶습니다. 먼저 출판의 기회를 주고 인내하며 원고를 기다려주신 한빛비즈 출판사와 저를 저자로 추천해주신 인베이드투자자문 이상우 대표님, 추천사를 써주신 아임해피

님과 오스틀로이드 님께 감사드립니다. 더불어 책의 감수를 맡아서 꼼꼼히 살펴주신 우승일 세무사님, 난해한 세금 문제를 함께 고민하고 귀중한 조언을 아끼지 않은 '양상블(양도세와 상속세를 연구하는 모임(assemble))' 친구들. 끝으로 언제나 곁을 지키며 격려와 지지를 아끼지 않은 아내와 매일 늦게 귀가하는 아빠를 항상 반갑게 맞이해준 두 딸에게 고맙고 사랑한다는 말을 전하고 싶습니다.

2021년 4월
서초동에서

서문 **지금 그리고 앞으로의 내 부동산 자산을 지키는 법** ── 4

2021 부동산 절세 핵심 포인트 TOP 7 ── 13

부동산
취득과 절세

1장

부동산을 취득할 때 내야 하는 세금: 취득세 ── 20

• 매매금액 6억 원 초과, 9억 원 이하 주택의 취득 ── 20

• 1세대가 유상 매매 거래로 취득하는 2번째 이상의 주택에 대한 취득세 ── 22

• 새롭게 취득하는 주택이 조정대상지역에 소재하는 경우 ── 23

• 새롭게 취득하는 주택이 비조종대상지역에 소재하는 경우 ── 24

• 조정대상지역의 시가표준액 3억 원 이상의 주택을 증여로 취득하는 경우 ── 24

• 취득세 계산 시 주택 수와 세대 분리 ── 25

• 취득세 중과 대상 주택의 의미 ── 26

• 임대주택 등록에 따른 취득세의 감면 ── 27

자금조달 계획서 ── 31

TIP 주요용어 해설 ── 35

2장 부동산 보유 및 임대와 절세

종합부동산세 — 38
• 종합부동산세의 계산 방식 — 39
• 실제 사례 적용 — 42

지방세 — 55
• 재산세 — 55
• 지방교육세 — 57
• 재산세 도시지역분 — 58

주택의 임대와 세금 — 64
• 임대소득의 신고: 분리과세 — 64
• 종합소득 합산과세 — 79
• 건강보험료 인상 문제 — 86

TIP 주요용어 해설 — 90

부동산
양도와 절세

3장

양도소득세   —94

- 양도소득세의 계산구조   —94
- 1세대 1주택자 양도소득세의 비과세   —108
- 일시적 2주택   —118
- 주택과 조합원 입주권(분양권)의 일시적 2주택   —125
- 주택 보유 기준의 변경(최종 1주택 관련)   —128
- 조정대상지역의 다주택자 중과세율   —134
- 거주주택 비과세   —140

농어촌 특별세   —149

개인지방소득세   —151

TIP 주요용어 해설   —152

부동산
상속과 절세

4장

상속세 주요 개념 — 156
- 상속의 순위 — 156
- 상속재산의 귀속 — 157

상속세 과세 대상 — 159
- 본래의 상속재산 — 159
- 추정 · 간주 상속재산 — 159
- 사전 증여재산 — 162

상속세 계산 방법 — 163
- 상속공제 금액 — 163
- 실제 사례를 통한 상속세의 계산 — 166

상속세 신고 납부 — 168
- 분할납부 — 168
- 연부연납 — 169
- 물납 — 169
- 상속받은 주택의 양도소득세 — 170

TIP 주요용어 해설 — 174

5장 부동산 증여와 절세

증여세 과세 대상   — 176
- 증여추정   — 176
- 특수관계자 간의 자금 차입거래   — 180
- 저가 양수 또는 고가 양도거래로 인한 증여세   — 183

증여세의 계산 방법   — 186
- 증여재산의 평가   — 186
- 채무액과 증여재산가산액   — 186
- 증여재산공제   — 187
- 증여세율   — 188
- 세액공제   — 189

증여세의 신고 납부 방법   — 191
- 분할납부   — 194
- 연부연납   — 195
- 증여세 대납액이란   — 195

증여세를 줄여보자   — 199
- 명의 분산에 의한 증여   — 199
- 세대생략증여에 대한 할증과세   — 200

TIP 주요용어 해설   — 203

세무 상담을 받을 때 반드시 확인해야 할 것들   — 204
부동산 세금 주요 신고 일정   — 206

2021
**부동산 절세
핵심 포인트**
TOP 7

01 취득세: 중과 대상 주택과 주택 수 포함의 의미

2020년 7월 10일 대책에 따른 법률 개정으로 인하여 2020년 8월 12일 이후 취득하는 주택에 대해서는 1세대가 기존 보유하고 있는 주택 수와 새롭게 취득하는 주택을 합산한 주택 수를 기준으로 주택 수에 따른 취득세를 납부합니다. 이때 주택 수에 포함되는 항목들은 법 개정(2020년 8월 12일) 이후 취득한 조합원 입주권, 주택의 분양권, 주택으로 사용하는 주거용 오피스텔 등이 포함됩니다. 취득세 계산에서 주택 수에 따른 취득세율과 주택 수 계산 시 포함되는 항목, 또한 중과세율이 적용되지 않는 주택 등에 대하여 자세히 살펴보도록 하겠습니다.

02 양도소득세: 고가주택 장기보유특별공제의 거주 요건

2019년 법률 및 시행령 개정으로 인하여 1세대 1주택으로서 9억 원 이하 비과세되는 주택이라 하더라도 9억 원 초과 부분에 대해서는 과세 대상 양도차익을 계산하여 과세됩니다. 이때 3년 이상 보유한 주택에 대해서는 장기보유특별공제를 적용합니다. 다만, 조정대상지역 지정 전 취득 주택으로 9억 원 이하 비과세 판단 시에는 거주 요건이 없는 주택이라 하더라도 장기보유특별공제를 계산할 때는 거주를 했는지 여부에 따라서 별도의 장기보유특별공제율이 적용됩니다.

03 | 양도소득세: 비과세를 위한 보유 기간 재산정

2021년 1월 1일 이후 매도하는 주택에 대해서는 비과세를 위한 보유 기간 판단 시 취득일부터 처분일까지 고려하던 것에서 최종 1주택이 된 날부터 '비과세 판단을 위한 보유기간'을 새롭게 계산합니다. 다만, 일시적 2주택에 해당하는 2개의 주택은 모두 새롭게 계산하지 않지만, 다주택자(2주택)가 1주택 외의 주택을 모두 양도한 후 새로 일시적 2주택이 되는 경우에는 개정 규정을 적용하여 새롭게 계산합니다. 이와 관련해서는 자세히 살펴보도록 하겠습니다.

04 | 양도소득세: 비과세를 위한 보유기간이 재산정되면, 그에 따른 장기보유공제는 재산정 대상일까?

2021년 4월 초에 확인된 예규에 의하면 최종 1주택 조건이 적용되어 '비과세 판단 보유기간'이 새롭게 적용되는 경우에도 장기보유공제의 취득일은 최초 기준으로 적용합니다.

05 | 양도소득세: 주택과 조합원 입주권의 일시적 2주택

취득세의 개정으로 인하여 주택을 보유하면서 새롭게 취득하는 주택에 대해서는 조정대상지역의 경우 8%, 또는 12%의 취득세율(지방소득세 별도)을 부담하면서 새롭게 취득하기는 부담스러운 것이 사실입니다. 이때 효과적인 투자의 방법으로 기존 주택을 매도하기 전에 조합원 입주권을 취득하는 경우에 대하여 자세히 살펴보도록 하겠습니다.

06 | 양도소득세: 거주주택 비과세

2020년 7월 10일 대책 등으로 아파트에 대한 주택임대사업자 등록은 제한되었지만, 기존에 등록된 아파트에 대한 주택임대사업자 및 기타 주택 등을 주택임대사업자 주택과 일반주택을 보유한 1세대가 거주주택을 양도하는 경우에는 '거주주택 비과세'의 항목으로 인하여 1세대 1주택 9억 원 이하 비과세가 가능합니다. 해당 내역에 대하여 자세히 살펴보도록 하겠습니다.

07 종합부동산세: 1주택자 공동명의와 단독명의 보유의 경우 예상 세액 관련하여

연일 뉴스나 기사에서 보도되고 있는 과세 대상인 1주택자의 종합부동산세와 관련하여 단독명의로 보유하는 경우, 공동명의로 취득하는 경우, 단독명의 취득 후 공동명의로 변경하는 경우 등 각 사례에 대하여 예상 종합부동산세액을 계산해보고, 의사결정에 참고가 되기를 바랍니다.

1장

부동산
취득과 절세

부동산을 취득할 때 내야 하는 세금: 취득세

부동산은 취득할 때도 세금을 내고, 보유 중에도 세금을 내고, 처분할 때도 세금을 내야 합니다. 본 장에서는 부동산을 취득할 때의 세금에 대하여 알아보도록 하겠습니다. 매매, 교환, 상속, 증여, 기부, 법인에 대한 현물 출자 등과 그밖에 이와 유사한 취득으로써 취득 방법에 따라 대가를 지급하거나(유상), 또는 대가 지급 없이(무상) 소유권이 변경되었을 때 취득했다고 말합니다. 이때 발생하는 세금이 취득세이며, 2020년 7월 10일 대책에 따라 다음과 같이 조정되었습니다.

[710 대책 이전] 취득세율
- 6억 원 이하 1% / 6억~9억 원 1.01~3%
- 4번째 주택 취득세 4%

[710 대책 이후] 취득세율
- 6억 원 이하 1% / 6억~9억 원 1.01~3%
- 2번째 주택의 취득부터 8% 또는 12% 적용

* 지방교육세, 농어촌특별세는 고려하지 않음

● 매매금액 6억 원 초과, 9억 원 이하 주택의 취득

개정 전 규정(2019년 12월 31일 이전)을 기준으로 하면 거래금액이 5억

9,500만 원인 경우에는 취득세율 1%가 적용되어 595만 원을 납부하면 됩니다. 하지만 거래금액이 6억 400만 원인 경우에는 취득세율이 2%가 적용되기 때문에 1,208만 원을 납부해야 합니다. 거래금액 차이가 900만 원이고, 취득세는 613만 원(1,208만-595만 원) 차이가 발생합니다. 10%가 별도로 부과세로 적용되는 지방교육세를 고려하면 674만 3,000원(613만 원×1.1)의 차이가 발생하는 것입니다. 이로 인해 실거래가를 낮게 신고한다든가, 필요한 옵션을 선택하지 못하는 등 주택 거래에서 왜곡을 해소하기 위해 이를 점진적으로 증가하는 형태로 개선하였습니다.

거래금액에 따른 취득세율 실제 계산해보면 다음과 같습니다.

거래금액에 따른 취득세율=(해당 주택의 취득 당기 가액×2÷3억 원-3)÷100(소수점 다섯째 자리에서 반올림)

예를 들어 거래금액이 8억 원인 주택을 매수하는 경우에는 다음과 같이 계산됩니다.

(8억 원 x 2÷3억 원-3)÷100%=2.33%

즉 개정 전이라면 6억 원 초과, 9억 원 이하라서 2%의 취득세율만 계산되었으나, 개정 규정으로 인하여 0.33%만큼 세율이 추가되었습니다. 5,000만 원 기준으로 요약표를 만들어보면 다음과 같습니다.

거래금액	기존 세율	개정 세율	기존 취득세	개정 취득세	증감분
6억 원	1.00%	1%	600만 원	600만 원	–
6억 5,000만 원	2.00%	1.33%	1,300만 원	864만 5,000원	435만 5,000원 감소
7억 원	2.00%	1.67%	1,400만 원	1,169만 원	231만 원 감소
7억 5,000만 원	2.00%	2.00%	1,500만 원	1,500만 원	–
8억 원	2.00%	2.33%	1,600만 원	1,840만 원	240만 원 증가
8억 5,000만 원	2.00%	2.67%	1,700만 원	2,269만 5,000원	569만 5,000원 증가
9억 원	2.00%	3%	1,800만 원	2,700만 원	900만 원 증가

살펴본 것처럼 저가주택(거래금액 기준 7억 5,000만 원 이하)의 경우에는 취득세 부담이 감소하며, 거래금액 기준 7억 5,000만 원을 초과하는 주택의 경우에는 취득세 부담이 늘어나는 것을 확인할 수 있습니다. 이에 따라 법률에서는 경과 규정을 두어 기존 계약자들에게 개정 규정[1]으로 인한 피해가 발생하지 않도록 보호해주고 있습니다.

● 1세대가 유상 매매 거래로 취득하는 2번째 이상의 주택에 대한 취득세

2019년 12월 27일의 지방세법 개정으로 2020년 상반기 중에는 1세대가 매수하는 4번째 주택에 대해서 4%의 취득세율을 부담했습니다.

---

1 2020년 1월 1일 이전 공동주택 분양계약을 체결한 경우에는 2022년 12월 31일까지 종전의 세율을 적용함(법률 제16855호 부칙 제14조)

그러나 2020년 7월 10일 대책 발표 후 2020년 8월 12일 이후 주택을 취득하는 경우에는 1세대가 기존에 보유하고 있는 주택 및 새롭게 취득하는 주택의 수를 합산하여 주택 수를 확인하고, 새롭게 취득하는 주택이 조정대상지역인지, 비조정대상지역인지에 따라 변경된 세율이 적용됩니다. 이 변경된 세율은 유상 매매 및 무상 취득 중 증여에 의한 거래에만 적용되며, 원시 취득 등에는 적용되지 않습니다.

● 새롭게 취득하는 주택이 조정대상지역에 소재하는 경우

신규 취득 주택이 2번째 주택인 경우

종전 규정에 따라 거래금액에 의해 계산된 1~3%의 취득세율이 부과되지만, 대통령령으로 정하는 기간[2] 내에 종전의 주택을 처분하지 못하는 경우에는 개정된 8%의 세율이 적용됩니다. 이때 처분하지 못하여 8%의 세율을 차후에 정산하는 경우에는 적게 납부된 부분에 대하여 가산세 및 납부지연 가산세가 함께 적용되어 납부하게 됩니다.

신규 취득 주택이 3번째 주택 이상인 경우

단일세율로 12%의 세율이 적용됩니다.

---

2 신규 취득의 취득일로부터 3년 이내 처분 시. 단, 신규 주택 및 종전 주택이 모두 조정대상지역인 경우에는 1년 이내 처분해야 함(대통령령 제30939호 제28조의 5).

● 새롭게 취득하는 주택이 비조정대상지역에 소재하는 경우

신규 취득 주택이 2번째 주택인 경우

종전 규정에 따라 거래금액에 의해 계산된 1~3%의 취득세율이 부과됩니다.

신규 취득 주택이 3번째 주택인 경우

단일세율로 8%의 세율이 적용됩니다.

신규 취득 주택이 4번째 주택인 경우

단일세율로 12%의 세율이 적용됩니다.

● 조정대상지역의 시가표준액 3억 원 이상의 주택을 증여로 취득하는 경우

개정된 12%의 단일세율을 적용하지만, 1세대 1주택자의 주택을 배우자 또는 자녀가 증여받는 경우에는 종전의 규정을 적용합니다.

이때 변경되는 세율은 법 시행일 이후 신규 취득(취득세의 납세의무 성립 시점: 잔금일) 시점에 성립하는 것입니다. 하지만 법 개정 이전의 계약 보호를 위하여 대책 발표 시점인 2020년 7월 10일 이전에 매매 계약을 체결하고 계약금 지급 사실 등이 증빙서류에 의하여 확인되는 경우에는 종전 규정을 적용하는 것으로 경과 규정을 두었습니다.

	기존 주택 포함 주택 수	조정대상지역	비조정대상지역
개인	1주택	1~3%	1~3%
	2주택	8%(*)	1~3%
	3주택	12%	8%
	4주택 이상	12%	12%
증여로 인한 취득		12%(**)	3.5%
법인의 주택 취득		12%	12%

(*) 기한 내에 처분 시 기본세율인 1~3%의 세율 적용

(**) 시가표준액(공시가격) 기준 3억 원 초과인 경우만 적용

● 취득세 계산 시 주택 수와 세대 분리

세대 분리

먼저 세대 기준입니다. 법률에서는 1세대가 취득하는 주택이라고 규정하고 있으므로 세대의 기준을 확인해야 합니다. 「지방세법 시행령」상에서 세부 내역을 규정하고 있으며, 주민등록표에 함께 기재되어 있는 가족을 기준으로 합니다. 이때 동거인은 제외합니다. 배우자 및 30세 미만의 미혼 자녀는 주소를 달리하고 있어도 동일 세대로 판단합니다. 다만, 30세 미만의 자녀라고 하더라도 중위소득 기준 40% 이상(2021년 기준 약 매월 75만 원)의 소득이 인정된다면 별도세대로 판단하며, 자녀가 65세 이상 부모를 봉양하기 위하여 합가한 경우에는 별도의 세대로 판단합니다.

● 취득세 중과 대상 주택의 의미

취득세 중과 기준의 대상이 되는 주택의 수는 취득하는 주택을 포함하여 1세대가 소유하고 있는 주택 수로 규정하며, 조합원 입주권과 분양권 및 주택으로 사용하는 오피스텔이 포함됩니다. 양도소득세 및 대출 제도 등에서 개정되는 내용에 맞추어 전반적으로 통일되게 수정되었습니다. 다만, 주택 수에 가산되는 조합원 입주권, 분양권 및 주택으로 사용하는 오피스텔 등은 법 시행일 이후 취득하는 경우부터 주택 수에 가산되는 것으로 부칙에서 규정하였습니다. 또한 조정대상지역으로 지정되기 전에 계약을 하고 계약금 지급 내역이 확인되는 경우에는 조정대상지역으로 지정되기 전에 취득을 한 것으로 보고 예외 규정을 적용합니다.

또한 다음의 주택에 대해서는 중과 적용 대상에서 제외되고 다른 주택 취득 시 주택 수에도 가산되지 않는 것으로 예외 규정을 두었습니다. 해당 항목들은 일반적으로 특정 목적을 가지고 취득하는 물건으로 통상적인 경우에는 거의 해당하지 않는다고 봐도 무방합니다.

---

1. 가정어린이집으로 운영하기 위하여 취득하는 주택
2. 노인복지주택으로 운영하기 위하여 취득하는 주택
3. 주택건설 사업자, 도시정비 사업 시행자, 주택조합이 주택건설 사업을 위해 취득하는 주택 또는 공기업이 공익사업을 위해 취득하는 주택
4. 주택의 시공자 공사대금으로 취득한 미분양 주택
5. 금융기관이 저당권의 실행으로 인하여 취득하거나 채권변제를 대신하여 취

득하는 주택

6. 국가등록문화재에 해당하는 주택

7. 농어촌주택

8. 시가표준액이 1억 원 이하인 주택. 다만 「도시 및 주거환경 정비법」에 따른 정비 구역으로 지정/고시된 지역 또는 「빈집 및 소규모 주택 정비에 관한 특례법」에 따른 사업 시행 구역에 소재하는 주택은 제외

9. 공공주택 사업자가 매입하여 공급하는 주택

10. 주택도시기금과 한국토지주택공사가 공동출자 또는 한국자산관리공사가 출자하여 설립한 부동산투자회사가 취득하는 주택연금 대상 주택

11. 사원에 대한 임대용으로 직접 사용할 목적으로 취득하는 주택(전용면적 60 제곱미터 이하인 공동주택)

● 임대주택 등록에 따른 취득세의 감면

「민간임대주택에 관한 특별법」에 따라 관할 지차체에 임대주택 등록을 하고, 「소득세법」에 따라 임대주택 등록을 하는 경우에는 취득세에서도 감면 혜택을 주고 있습니다. 관련 조항은 「지방세특례제한법」에서 규정하고 있습니다.

지방세특례제한법 제31조 - 임대주택 등에 대한 감면

① 「공공주택 특별법」에 따른 공공주택사업자 및 「민간임대주택에 관한 특별법」에 따른 임대사업자(임대용 부동산 취득일부터 60일 이내에 해당 임대용 부동산을 임대목적물로 하여 임대사업자로 등록한 경우를 말한다. 이하 이 조에서 "임대사업자"라 한다)가 임대할 목적으로 공동주택(해당 공동주택의 부대시설 및 임대수익금 전액을 임대주택관리비로 충당하는 임대용 복리시설을 포함한다. 이하 이 조에서 같다)을 건축하는 경우 그 공동주택에 대해서는 다음 각 호에서 정하는 바에 따라 지방세

를 2021년 12월 31일까지 감면한다. 다만, 토지를 취득한 날부터 정당한 사유 없이 2년 이내에 공동주택을 착공하지 아니한 경우는 제외한다.

1. 전용면적 60제곱미터 이하인 공동주택을 취득하는 경우에는 취득세를 면제한다.

2. 「민간임대주택에 관한 특별법」 또는 「공공주택 특별법」에 따라 10년 이상의 장기임대 목적으로 전용면적 60제곱미터 초과 85제곱미터 이하인 임대주택(이하 이 조에서 "장기임대주택"이라 한다)을 20호(戶) 이상 취득하거나, 20호 이상의 장기임대주택을 보유한 임대사업자가 추가로 장기임대주택을 취득하는 경우(추가로 취득한 결과로 20호 이상을 보유하게 되었을 때에는 그 20호부터 초과분까지를 포함한다)에는 취득세의 100분의 50을 경감한다.

② 임대사업자가 임대할 목적으로 건축주로부터 공동주택 또는 「민간임대주택에 관한 특별법」 제2조제1호에 따른 준주택 중 오피스텔(그 부속토지를 포함한다. 이하 이 조에서 "오피스텔"이라 한다)을 최초로 분양받은 경우 그 공동주택 또는 오피스텔에 대해서는 다음 각 호에서 정하는 바에 따라 지방세를 2021년 12월 31일까지 감면한다. 다만, 「지방세법」 제10조에 따른 취득 당시의 가액이 3억원(「수도권정비계획법」 제2조제1호에 따른 수도권은 6억원으로 한다)을 초과하는 경우에는 감면 대상에서 제외한다.

1. 전용면적 60제곱미터 이하인 공동주택 또는 오피스텔을 취득하는 경우에는 취득세를 면제한다.

2. 장기임대주택을 20호(戶) 이상 취득하거나, 20호 이상의 장기임대주택을 보유한 임대사업자가 추가로 장기임대주택을 취득하는 경우(추가로 취득한 결과로 20호 이상을 보유하게 되었을 때에는 그 20호부터 초과분까지를 포함한다)에는 취득세의 100분의 50을 경감한다.

③ 제1항 및 제2항을 적용할 때 「민간임대주택에 관한 특별법」 제43조제1항 또는 「공공주택 특별법」 제50조의2제1항에 따른 임대의무기간에 대통령령으

로 정한 경우가 아닌 사유로 다음 각 호의 어느 하나에 해당하는 경우에는 감면된 취득세를 추징한다.

1. 임대 외의 용도로 사용하거나 매각 · 증여하는 경우

2. 「민간임대주택에 관한 특별법」 제6조에 따라 임대사업자 등록이 말소된 경우

지방세특례제한법 제13조 - 추징이 제외되는 임대의무기간 내 분양 등
① 법 제31조제3항 각 호 외의 부분에서 "대통령령으로 정한 경우"란 「민간임대주택에 관한 특별법」 제43조제4항 또는 「공공주택 특별법 시행령」 제54조제2항제1호 및 제2호에서 정하는 경우를 말한다.

민간임대주택에관한특별법 제43조 - 임대의무기간 및 양도 등
④ 제1항에도 불구하고 임대사업자는 임대의무기간 중에도 다음 각 호의 어느 하나에 해당하는 경우에는 임대의무기간 내에도 계속 임대하지 아니하고 말소하거나, 대통령령으로 정하는 바에 따라 시장 · 군수 · 구청장에게 허가를 받아 임대사업자가 아닌 자에게 민간임대주택을 양도할 수 있다.

1. 부도, 파산, 그 밖의 대통령령으로 정하는 경제적 사정 등으로 임대를 계속할 수 없는 경우

2. 공공지원임대주택을 20년 이상 임대하기 위한 경우로서 필요한 운영비용 등을 마련하기 위하여 제21조의2제1항제4호에 따라 20년 이상 공급하기로 한 주택 중 일부를 10년 임대 이후 매각하는 경우

3. 제6조제1항제11호에 따라 말소하는 경우

공공주택특별법 시행령 제54조 - 공공임대주택의 임대의무기간
② 법 제50조의2제2항제2호에 따라 임대의무기간이 지나기 전에도 임차인 등에게 분양전환할 수 있는 경우는 다음 각 호와 같다.

1. 공공주택사업자가 경제적 사정 등으로 공공임대주택에 대한 임대를 계속할

수 없는 경우로서 공공주택사업자가 국토교통부장관의 허가를 받아 임차인에게 분양전환하는 경우. 이 경우 법 제50조의3제1항에 해당하는 임차인에게 우선적으로 분양전환하여야 한다.

2. 임대 개시 후 해당 주택의 임대의무기간의 2분의 1이 지난 분양전환공공임대주택에 대하여 공공주택사업자와 임차인이 해당 임대주택의 분양전환에 합의하여 공공주택사업자가 임차인에게 법 제50조의3에 따라 분양전환하는 경우

3. 주택도시기금의 융자를 받아 주택이 없는 근로자를 위하여 건설한 공공임대주택(1994년 9월 13일 이전에 사업계획승인을 받은 경우로 한정한다)을 시장·군수 또는 구청장의 허가를 받아 분양전환하는 경우. 이 경우 법 제50조의3제1항의 요건을 충족하는 임차인에게 우선적으로 분양전환하여야 한다.

다만, 감면 부분에서 최소 금액에 대해서는 어느 정도의 세금을 납부하도록 규정하고 있으며, 최초 계산된 취득세액이 200만 원을 초과하는 경우에는 감면분의 15%에 해당하는 세금은 납부하도록 되어 있습니다. 이 감면에 대해서도 임대의무기간 동안의 유지 조건이 필요하므로 임대의무기간 동안 보유할 수 있는지에 대해 충분히 고민한 후 임대주택 등록을 해야 합니다.

자금조달 계획서

부동산을 취득할 때는 '자금조달 및 입주 계획서'라는 서류를 작성해서 제출해야 합니다. 정부의 지속적인 부동산 규제 정책에 의해 2017년 9월 26일 개정으로 투기과열지구에서 3억 원 이상 주택을 거래할 때 제출했으나, 2020년 3월 13일 개정으로 6억 원 이상의 주택을 거래하는 경우로 확대되었습니다. 그리고 투기과열지구에 소재하는 주택으로 9억 원을 초과하는 주택을 매수하는 경우에는 자금조달 계획을 증빙할 수 있는 근거 문서까지 함께 제출해야 합니다. 이때 제출 기한은 계약일로부터 30일 이내입니다.

제출해야 하는 자금조달 계획서의 형식은 〈서식 1-1〉(32쪽)과 같습니다. 기본적으로 제출인의 인적사항을 기재하고, ①에 자금조달 계획을 구체적으로 적습니다. ⑭에는 조달자금 지급 방식을 요약하여 기재합니다. 그리고 ⑱에 실제 입주 계획이 있는지 여부를 기재합니다.

이 중에서 자금조달 계획란을 작성하면서 구체적으로 살펴보겠습니다. 홍길동 씨는 서울의 투기과열지구에 소재하는 아파트를 2021년 3월 30일에 10억 원에 매수했습니다. 이때 기존 전세입자인 홍길동 씨는 남은 계약기간인 2022년 2월 28일까지 기존 보증금 7억 원에 계속 거주하기로 하였습니다. 홍길동 씨는 급여로 모은 1억 5,000만 원과 부

■ 부동산 거래신고 등에 관한 법률 시행규칙 [별지 제1호의3서식] 〈개정 2020. 10. 27.〉　　부동산거래관리시스템(rtms.molit.go.kr)에서도 신청할 수 있습니다.

주택취득자금 조달 및 입주계획서

※ 색상이 어두운 난은 신청인이 적지 않으며, [ ]에는 해당되는 곳에 √표시를 합니다.　　(앞쪽)

접수번호		접수일시	처리기간	

| 제출인
(매수인) | 성명(법인명)
홍길동 | | 주민등록번호(법인·외국인등록번호)
85XXXX – IXXXXXX | |
| | 주소(법인소재지)
서울 종로구 XXX | | (휴대)전화번호
010 – 1234 – XXXX | |

① 자금 조달계획	자기 자금	② 금융기관 예금액 150,000,000 원		③ 주식·채권 매각대금 원	
		④ 증여·상속 100,000,000 원		⑤ 현금 등 그 밖의 자금 원	
		[ ] 부부 [√] 직계존비속(관계: 부) [ ] 그 밖의 관계( )		[ ] 보유 현금 [ ] 그 밖의 자산(종류:)	
		⑥ 부동산 처분대금 등 원		⑦ 소계 250,000,000 원	
	차입금 등	⑧ 금융기관 대출액 합계	주택담보대출	원	
			신용대출	50,000,000 원	
			그 밖의 대출	원	
		50,000,000 원		(대출 종류:)	
		기존 주택 보유 여부 (주택담보대출이 있는 경우만 기재) [ ] 미보유 [ ] 보유 (건)			
		⑨ 임대보증금 700,000,000 원		⑩ 회사지원금·사채 원	
		⑪ 그 밖의 차입금 원		⑫ 소계	
		[ ] 부부 [ ] 직계존비속(관계:) [ ] 그 밖의 관계( )		750,000,000 원	
	⑬ 합계			1,000,000,000 원	

⑭ 조달자금 지급방식	총 거래금액	원
	⑮ 계좌이체 금액	300,000,000 원
	⑯ 보증금·대출 승계 금액	700,000,000 원
	⑰ 현금 및 그 밖의 지급방식 금액	원
	지급 사유 ( )	

| ⑱ 입주 계획 | [ ] 본인입주 [ ] 본인 외 가족입주
(입주 예정 시기: 년 월) | [√] 임대
(전·월세) | [ ] 그 밖의 경우
(재건축 등) |

「부동산 거래신고 등에 관한 법률 시행령」 별표 1 제2호나목, 같은 표 제3호가목 전단, 같은 호 나목 및 같은 법 시행규칙 제2조제6항부터 제9항까지의 규정에 따라 위와 같이 주택취득자금 조달 및 입주계획서를 제출합니다.

2021년 5월 30일

제출인　　　　　　　　홍길동 (서명 또는 인)

시장·군수·구청장 귀하

모님으로부터 증여받은 1억 원, 그리고 신용대출 5,000만 원을 이용하여 매매 계약을 완료하기로 하였습니다.

급여로 모은 돈은 금융기관에 예금액으로 보관하고 있을 것이므로 해당 금액을 ② 금융기관 예금액에 기재합니다. 부모님으로부터 증여받은 1억 원은 계약일 3개월 전인 1월 30일에 증여받았으며, 소급하여 10년 동안 증여받은 내역이 없으므로 증여공제 5,000만 원을 차감한 5,000만 원에 대해 세액공제 후 증여세 485만 원을 신고, 납부했습니다. 증여받은 금액이며, 신고까지 완료되었으므로 전체 금액 1억 원을 ④에 기재하고, 부모님으로부터 증여받았으므로 직계존비속란에 체크합니다.

다음으로 거래 중인 은행으로부터 받은 신용대출 5,000만 원은 금융기관 대출액 중 신용대출 항목에 기재하여 ⑧ 금융기관 대출액 합계란을 완료합니다. 다음으로 기존 임대차계약을 승계하였으므로 임대보증금 7억 원을 ⑨ 임대보증금란에 기재합니다. 각 항목별로 ⑦, ⑫, ⑬에 항목별 소계 금액을 기재하고, 날짜와 본인의 이름을 기재하고 서명하면 해당 서식의 작성을 완료하게 됩니다.

이때 투기과열지구의 9억 원을 초과하는 거래이므로 각 항목별로 해당 내역을 증명할 수 있는 증빙 서류를 제출해야 합니다.

예금란에 적은 금액에 대해서는 그 금액을 확인할 수 있는 예금잔액 증명서나 통장 사본을 제출해야 합니다. 증여·상속란에 적은 1억 원에 대해서는 이전 신고자료를 국세청 홈택스에서 조회한 후 출력해서 제출하면 됩니다.

신용대출로 받은 5,000만 원에 대해서는 금융거래확인서, 부채증명서 또는 금융기관 대출신청서 등 대출받은 금액을 확인할 수 있는 서류를 제출해도 됩니다. 그리고 임대보증금 항목에 적은 금액의 증명은 부동산 임대차계약서를 제출하게 됩니다.

주택취득자금 조달 및 입주 계획서 작성과 관련하여 실제로 가장 많이 받는 질문은 결국 지난 몇 년간 소득 금액이 어느 정도인데 이것을 예금액에 적으면 되는지에 관한 질문입니다. 먼저 계약에 사용되는 예금잔액은 급여 생활자 기준으로 수령한 급여에서 생활비로 사용된 금액을 차감한 잔액이 급여통장에 남아 있게 됩니다.

예를 들어 1년간 원천징수 영수증상에서 급여가 6,000만 원이고, 결정세액이 400만 원이며, 4대 보험 본인 부담분이 200만 원이고, 신용카드 사용액이 1,500만 원이라고 가정해보겠습니다. 급여에서는 4대 보험 원천징수 금액과 근로소득세를 차감한 잔액이 계좌로 입금될 것이며, 그 금액 중에서 신용카드 사용액을 제외한 금액(3,900만 원)이 남아 있게 됩니다. 즉 실제 본인의 급여보다 소득증빙으로 활용할 수 있는 금액이 낮다는 의미입니다.

일반적으로 자금 조달 금액이 직업, 연령, 소득 및 재산 상태 등으로 보아 해당 부동산을 자신의 능력으로 취득했다고 인정하기 어려운 경우에는 취득자금 출처를 조사받게 됩니다. 그 기초 자료로 사용되는 것이 이 자금조달 계획서입니다. 때문에 작성에 신중을 기해야 합니다.

즉 자기자금인 가처분 소득(원천징수 급여액−결정세액−4대 보험 본인 부담액−카드 사용액)에 타인자금인 차입금을 가산한 금액이 새로 취득하는 자산의 취득 금액과 차이가 발생하면 그 차액은 증여액으로 추정되는 것입니다. 이때 증여에 의한 것이 아니라는 것은 본인이 소명해야 합니다. 증여와 관련해서는 5장에서 다시 자세히 살펴보도록 하겠습니다.

 주요용어 해설

취득: 매매, 교환, 상속, 증여, 기부, 법인에 대한 현물출자, 건축, 개수(改修), 공유수면의 매립, 간척에 의한 토지의 조성 등과 그밖에 이와 유사한 취득으로서 원시 취득, 승계취득 또는 유상·무상의 모든 취득을 말한다.
「지방세법」 제6조제1호에서 '취득'이란 취득자가 '소유권이전등기' 등록 등 완전한 내용의 소유권을 취득하는가의 여부에 관계없이 사실상의 취득 행위(잔금 지급, 연부금 완납 등) 그 자체를 말하는 것이다.

원시 취득: 어떤 권리를 타인으로부터 물려받지 않고 독립적으로 취득하는 것을 말한다(신축, 재건축, 재개발주택 포함).

증여: 한쪽 당사자(증여자)가 대가없이 자기의 재산을 상대방(수증자)에게 주겠다는 의사를 표시하고 상대방이 이를 승낙함으로써 성립하게 되는 계약이다(「민법」 제554~562조).

증여세율: 증여를 통하여 받은 다른 사람의 권리나 재산에서 세금으로 내야 하는 금액의 비율을 말한다.

증여자	수증자	금액
배우자	배우자	6억 원
직계존속	직계비속/성인	5,000만 원
	직계비속/미성년자	2,000만 원
자녀	직계존속	5,000만 원
기타 친족	기타 친족	1,000만 원

증여세와 상속세의 차이

구분	상속세	증여세
개념	피상속인의 사망으로 상속인에게 재산이 무상 이전 시 상속재산에 대해 부과하는 세금	타인(증여자)으로부터 재산을 무상으로 받은 경우 증여받은 사람(수증자)이 부담하는 세금
공제액	일괄공제 5억 원, 배우자 공제 최대 30억 원(공제한도가 있으며 인적공제 외 다양한 공제가 있음)	수증자에 따라 차등 적용되며 10년간 합산 한도임 • 배우자: 6억 원 • 직계존비속: 5,000만 원 (미성년자 2,000만 원) • 친족: 1,000만 원
가산액	사전증여한 금액(상속인 10년 이내, 상속인 이외의 자 5년 이내) 일정 금액 이상의 재산 인출, 처분, 채무부담액(재산 종류별 1년 내 2억 원, 2년 내 5억 원)	사전증여재산 (10년 이내 동일인으로부터 증여액) –
납세의무자	상속인	수증자
신고기한	상속 개시일이 속하는 달의 말일로부터 6개월 이내	증여받은 날이 속하는 달의 말일로부터 3개월 이내
납세지	상속인의 주소지	수증자의 주소지

2장

부동산 보유 및
임대와 절세

종합부동산세

국토교통부는 2021년 보유세 등에 영향을 미칠 2021년 공동주택 공시가격(안)을 발표하였습니다. 해당 공시가격(안)은 의견수렴 절차를 거쳐서 4월 29일 최종 고시됩니다. 공시가격 현실화 비율 반영비율에 맞추어 전기 대비 전국 기준 19.08%(서울 19.91%, 세종 70.68% 등)가 상승하였습니다. 공시가격은 보유 중인 주택 등의 재산세 및 종합부동산세의 계산에 있어서 기준이 되는 금액으로 정부에서 사전에 안내해온 바대로 현실화 비율에 맞추어 시세에 근접해가고 있습니다. 공시가격을 기준으로 하여 종합부동산세에 대하여 자세히 살펴보도록 하겠습니다.

먼저 종합부동산세는 주택분 종합부동산세와 토지분 종합부동산세가 있는데, 그중에서 주택분 종합부동산세를 집중해서 살펴보도록 하겠습니다. 세금은 항상 과세 대상이 존재하고 그 과세 대상에 대해 계산된 '과세표준' 금액을 기준으로 법에서 정해진 '세율'을 곱하여 계산합니다.

주택분 종합부동산세(이하 '종합부동산세')를 규정하는 법률은 종합부동산세법이며, 해당 법률에서는 종합부동산세를 납부해야 하는 대상을 과세 기준일(매년 6월 1일) 현재 주택분 재산세의 납세의무자로 규정하고 있습니다. 그리고 주택의 공시가격을 합산한 금액 기준으로

6억 원을 초과하는 경우에 종합부동산세의 납세의무가 있다고 규정하고 있습니다.

즉 보유한 주택 수는 많더라도 보유주택의 공시가격을 합한 금액이 6억 원이 되지 않으면 종합부동산세의 납세 대상자가 되지 않으므로 다주택자임에도 종합부동산세의 부담에서 벗어날 수 있는 것입니다. 국세청의 보도자료에 따르면 2020년분 종합부동산세의 납세의무자는 74만 4,000여 명이고, 이 중 주택분 납부의무자는 66만 7,000여 명입니다. 나머지 7만 7,000여 명은 주택분 종합부동산세의 납부의무자입니다.

이와 같은 기본 개념을 가지고 종합부동산세에 대해 하나씩 살펴보도록 하겠습니다.

● 종합부동산세의 계산 방식

종합부동산세의 계산 흐름을 살펴보면 다음과 같습니다.

1) 종합부동산세는 공시가격을 기준으로 하므로 개인 명의로 보유하고 있는 주택의 공시가격을 모두 합산합니다.
2) 공제 금액을 계산합니다. 법률에서 6억 원을 초과하는 부분에 대해서만 과세한다고 하였으므로 1)에서 계산한 공시가격에서 6억 원을 차감합니다. 다만, 1세대가 1주택을 보유하고 그 1주택을

단독명의로 보유하는 경우에는 9억 원을 차감하여 계산합니다.

2-1) 단독명의와 공동명의 간 공제 금액 및 세액공제 등의 유불리로 인하여 2021년 6월 1일 이후 부과되는 종합부동산세는 공동명의로 소유한 1주택에 대해서는 계산 방법을 단독명의, 9억 원 공제 후 세액공제 또는 공동명의 12억 원 공제 중에서 선택 가능합니다.

3) 이 금액에서 공정시장가액비율을 곱한 금액을 과세표준이라 하는데, 2021년에 적용되는 공정시장가액비율은 95%입니다. 2022년 이후부터는 100%의 비율이 적용됩니다.

4) 예를 들어 본인 소유 2주택의 공시가격 합산 금액이 9억 원이라고 하면, 9억 원에서 6억 원을 차감한 금액에 95%를 곱한 2억 8,500만 원이 2021년 기준 주택분 종합부동산세의 과세표준이 되는 것입니다. 2021년 공시가격이 확정된다면, 각자가 소유한 주택의 공시가격을 확인하여, 과세표준 금액을 계산해볼 수 있습니다.

5) 다만, 이렇게 합산하는 경우에 합산 배제 대상 임대 등록한 주택의 공시가격은 제외하게 됩니다. 이때 합산 배제 대상 임대 등록한 주택이란 「민간임대주택에 관한 특별법」에 따라 관할 지자체에 등록하고, 「소득세법」에 따라 관할 세무서에도 등록을 완료한 경우를 말합니다. 또한 여기에도 예외가 있습니다. 2018년 9월 13일 이후에 계약하고 취득한 주택에 대해서는 임대 등록을 해도 종합부동산세를 계산할 때는 공시가격을 합산하여 계산하게 됩니다.

6) 과세표준까지 구했으면, 개인에게 적용되는 세율을 곱해서 종합부동산세액을 계산하게 됩니다. 조정대상지역에 보유한 주택이

- 국세징수법 시행규칙[별지 제3호서식] (1쪽)
- 이 부분을 천천히 개봉하여 주십시오.

요금후납

납부고지서 재중

(2쪽)

세액 산출근거

구 분	주 택	종합합산토지	별도합산토지
	종합부동산세 과세표준 및 세액계산		
과세표준	285,000,000		
세율	1.2%		
종합부동산세액	3,420,000		
공제할재산세액	536,471		
산출세액			
세액공제		해당없음	해당없음
세부담상한 초과세액			
결정세액	① 2,883,529	②	③

구 분	종합부동산세 (①+②+③)	농어촌특별세	
결정세액 합계	2,883,529	과세표준	2,883,529
가산세액		세율	20%
기납부세액		산출세액	576,705
차감고지세액	2,883,529	가산세액	

고지에 대한 안내말씀

	기납부세액		
	차감고지세액	576,705	

아래 가상계좌로 계좌이체하여 납부하실 수 있습니다.
(유효기간 일까지, 납부가능시간 각 금융기관 홈페이지 참조)

국세계좌	기업
KEB 하나은행	신한
국민	우리

이 납부고지에 대하여 의문이 있으시면 ☎ 에게 문의하시기 바랍니다.

가산세 산출근거

이 납부고지에 대한 가산세별 세부내역은 아래와 같습니다.

가산세 구분	대상금액	세율	세액
①			
②			
③			
④			
⑤			
계			

과세대상물건

이 납부고지에 대한 과세대상 물건은 아래와 같습니다.

구분	물건소재지	감면 후 공시가격
주 택	서울 마포구 아현동 외	900,000,000
종합합산토지		
별도합산토지		

종합부동산세 체납액 안내(농어촌특별세 포함)

귀하의 년 월 일 현재 종합부동산세 체납액은 건, 원입니다.

(3쪽)

납부고지서 겸 영수증 (납세자용)

100만원( )

납부번호	분류기호	납부연월	결정구분	세목	발행번호
성명(상호)		홍길동	수입징수관 계좌번호		
주민등록번호 (사업자등록번호)	85XXXX- 1XXXXXX	회계연도		일반 회계	기획재정부 소관	조세
		과세기간			
주소(사업장)					

납부기한	2021 년 12 월 15 일 까지
종합부동산세액(①)	2,883,529
농어촌특별세액(②)	576,705
납부금액(①+②)	3,460,234
납기경과 . . . 계	
납기 후 납부시 우측〈납부일자별 납부할 금액〉을 참고하여 기재	
납기경과 . . . 납부할 금액	

위 금액을 한국은행 국고(수납)대리점인 은행 또는 우체국 등에 납부하시기 바랍니다.
(인터넷 등에 의한 전자납부 가능)

년 월 일
위 금액을 정히 영수합니다.
년 월 일
은 행
우체국 등

세무서장 (인) (수납인)

납부서 (수납기관용)

100만원( )

납부번호	분류기호	납부연월	결정구분	세목	발행번호
성명(상호)			수입징수관 계좌번호		
주민등록번호 (사업자등록번호)		회계연도		일반 회계	기획재정부 소관	조세
		과세기간			

납부기한	년 월 일 까지
금 액 (종합부동산세+농어촌특별세)	
납기경과	
납기 후 납부시 아래〈납부일자별 납부할 금액〉을 참고하여 기재	
납기경과	

납부일자별 납부할 금액			
납부일자별	납부할 금액	납부일자별	납부할 금액

위 금액을 수납하여 주시기 바랍니다.

년 월 일
은 행
우체국 등 (수납인)

210mm×297mm(CP지 90g/㎡)

2주택 이상이거나 전체 3주택 이상인 경우에는 그렇지 않은 경우보다 높은 세율로 계산한 종합부동산세액이 적용됩니다.

위에서 예로 든 2억 8,500만 원이 과세표준인 경우에는 일반적이라면 0.6%의 세율을 적용하므로 171만 원의 종합부동산세액이 계산됩니다. 다주택자는 1.2%의 세율을 적용하게 되므로 342만 원의 종합부동산세액이 계산됩니다. 물론 이 금액을 전부 납부하지는 않습니다.

7) 종합부동산세에서 납세의무자는 주택분 재산세를 납부한 사람이 되므로, 보유하고 있는 주택에 대해 7월과 9월에 걸쳐 이미 재산세를 납부했을 것입니다. 그 주택에 대하여 또다시 종합부동산세를 납부하게 되는 것이므로 중복 계산되는 부분을 제외합니다. 이를 공제할 재산세액이라 하며, 역시 법률의 규정에 따라 계산합니다.

● 실제 사례 적용

공시가격 7억 원인 주택 (가)와 공시가격 2억 원인 주택 (나)의 공시가격 합산 금액이 9억 원이고, (가)와 (나)의 주택은 모두 조정대상지역에 있다고 가정하고 공제할 재산세액을 계산해보겠습니다.

공제할 재산세액은 지방세법에 따라 주택분 재산세로 부과된 세액의 합계액을 A라고 합니다. 그리고 주택분 공시가격을 합산한 금액에 공제 금액(6억 원)을 차감한 후 공정시장가액비율을 곱하고, 「지방세법」에 따른 공정시장가액비율을 곱한 후 여기에 다시 「지방세법」에 따른 표준세율을 곱한 금액을 B라고 합니다. 주택을 합산하여 주택분 재산세 표준세율로 계산한 재산세 상당액을 C라고 합니다. 공제할 재산세액을 계산해보면 다음과 같습니다.

물건	공시가격	재산세 과세표준	재산세
주택 (가)	7억 원	4억 2,000만 원	105만 원
주택 (나)	2억 원	1억 2,000만 원	15만 원

이때 A는 주택 (가)에 부과된 재산세 105만 원과 주택 (나)에 부과된 재산세 15만 원의 합인 120만 원으로 계산됩니다.

B는 전체 공시가격 9억 원에서 6억 원을 차감한 금액에 「종합부동산세법」상 공정시장가액비율(95%, 2021년)을 곱하고, 「지방세법」에 따른 주택분 공정시장가액비율(60%)을 다시 곱한 후 「지방세법」에 따른 표준세율 0.4%를 곱하면 68만 4,000원으로 계산됩니다.

B=(9억 원-6억 원)×95%×60%×0.4%=68만 4,000원

그리고 C는 주택 (가)와 (나)의 재산세 과세표준을 기준으로 재산세액을 산출합니다(56쪽, 재산세 세율 참고).

C=5억 4,000만 원×0.4%-63만 원=153만 원

공제할 재산세액을 계산하면 다음과 같습니다.

120만 원(A)×68만 4,000원(B)÷153만 원(C)=53만 6,471원

이렇게 산출한 공제할 재산세액을 앞에서 구한 종합부동산세액(항목 6)에서 1.2% 세율 적용)에서 차감하면(342만 원-53만 6,471원) 288만 3,529원이이 산출됩니다. 이 금액은 산출세액이라고 합니다.

여기에서 1세대 1주택의 경우에는 장기보유에 따른 공제, 연령에 따른 공제가 추가되지만, 2주택자이므로 해당되지 않습니다. 세금 공제는 두 번째 사례에서 살펴보도록 하겠습니다.

다음으로 세부담 상한 초과세액을 차감합니다. 세부담 상한액은 급격한 세부담 증가를 막기 위해서 일정 한도까지만 세금이 늘어날 수 있도록 한계를 적용한 것으로 조정대상지역 2주택자의 경우에 그 상한액이 300%로 되어 있습니다. 이 상한액은 전년도 기준 재산세와 종합부동산세를 합산한 금액을 기준으로 2020년 대비 보유세가 300% 늘어날 수 있다고 한도를 정해놓은 것입니다.

이때 유의해야 할 사항이 있습니다. 앞의 사례에서 주택 (가)의 경우에는 2020년 5월 중 취득하여 2020년에 종합부동산세를 납부했고, 주택 (나)의 경우에는 2020년 10월 중에 취득하여 2020년에 종합부동산세를 납부하지 않았습니다. 그럼에도 세부담 상한의 기준이 되는 계산은 주택 (가)와 주택 (나)를 합산하여 계산합니다. 관련 규정은 「종합부동산세법 시행령」 제5조에 나와 있으며 다음과 같습니다.

종합부동산세법 시행령 제5조(주택에 대한 세부담의 상한)

① 법 제10조에서 해당 연도에 납부하여야 할 주택에 대한 총세액 상당액으로서 "대통령령으로 정하는 바에 따라 계산한 세액"이란 해당 연도의 종합부동산세 과세표준 합산의 대상이 되는 주택(이하 "과세표준 합산주택"이라 한다)에 대한 제1호에 따른 재산세액과 제2호에 따른 종합부동산세액의 합계액을 말한다.

1. 「지방세법」에 따라 부과된 재산세액(같은 법 제112조제1항제1호에 따른 재산세액을 말하며, 같은 법 제122조에 따라 세부담의 상한이 적용되는 경우에는 그 상한을 적용한 후의 세액을 말한다.)

2. 「종합부동산세법」에 따라 계산한 종합부동산세액

② 법 제10조에서 직전 연도에 해당 주택에 부과된 주택에 대한 총세액상당액으로서 "대통령령으로 정하는 바에 따라 계산한 세액"이란 납세의무자가 해당 연도의 과세표준합산주택을 직년 연도 과세기준일에 실제로 소유하였는지의 여부를 불문하고 직전 연도 과세기준일 현재 소유한 것으로 보아 해당 연도의 과세표준합산주택에 대한 제1호에 따른 재산세상당액과 제2호에 따른 종합부동산세액상당액의 합계액을 말한다.

1. 재산세 상당액

해당연도의 과세표준합산주택에 대하여 직전연도의 「지방세법」(같은 법 제111조제3항, 제112조제1항제2호 및 제122조는 제외한다)을 적용하여 산출한 금액의 합계액

2. 종합부동산세액 상당액

해당 연도의 과세표준합산주택에 대하여 직전 연도의 법(법 제10조는 제외한다)을 적용하여 산출한 금액(1세대 1주택자의 경우에는 직전 연도 과세기준일 현재 연령 및 주택 보유기간을 적용하여 산출한 금액). 이 경우 법 제9조제3항 중 "세액(「지방세법」 제111조제3항에 따라 가감조정된 세율이 적용된 경우에는 그 세율이 적용된 세액, 같은 법 제122조에 따라 세부담 상한을 적용받는 경우에는 그 상한을 적용받는 세액을 말한다)"을 "세액[「지방세법」(같은 법 제111조제3항, 제112조제1항제2호 및 제122조는 제외한다)을 적용하여 산출한 세액을 말한다]"으로 하여 해당 규정을 적용한다.

즉 2020년에는 종합부동산세 과세 대상인 1주택만 보유하고 있다가 2021년에 2주택이 된 경우 단순계산으로 300%까지는 증가하지 않을 것으로 예상해서는 안 됩니다. 2021년 기준 2주택의 계산 내역과 해당 2주택에 대하여 2020년 기준을 적용하여 계산한 금액을 비교하기 때문입니다. 따라서 실제 받게 되는 고지서에서는 300% 이상의 세금이 부과될 수도 있는 것입니다. 이렇게 계산된 초과액까지 차감하고 나면, 2021년에 납부해야 할 종합부동산세 세액이 계산됩니다. 세부담 상한을 초과하는 부분이 없다고 하면, 위에서 계산한 288만 3,529원이 산출됩니다. 여기에 추가적으로 농어촌 특별세 20%가 부과되어 57만 6,800원이 추가됩니다. 따라서 종합부동산세와 관련하여 납부하게 되는 금액은 288만 3,529원에 57만 6,800원이 합산되어 346만 329원이 됩니다.

과세표준에 세율을 곱하여 산출한 금액 342만 원과 유사한 금액입니다. 각자 2021년의 예상 종합부동산세를 계산해본다면, 공제할 재산세액 이후의 과정은 생략해도 좋습니다. 공제할 재산세액을 계산하여 차감하지만, 농어촌 특별세가 추가적으로 가산되기 때문에 종합부동산세 계산 방식에서 6) 이후의 과정은 굳이 이해하지 않아도 됩니다.

다음으로 1세대 1주택자가 보유한 공시가격 15억 원인 주택에 대해 소유자가 61세이고, 10년 이상 장기보유를 한 경우 종합부동산세 예상 세액을 계산해보도록 하겠습니다.

먼저 과세표준을 구합니다.

과세표준=(15억 원-9억 원)×90%(공정시장가액비율)=5억 4,000만 원

과세표준에 세율을 곱하여 종합부동산세 산출세액을 계산합니다(48쪽 종합부동산세 세율표 참고).

5억 4,000만 원×0.8%-60만 원=372만 원

다음으로 공제할 재산세액을 계산합니다.

A: 주택분 재산세로 부과된 재산세액
B: 종합부동산세액 과세표준에 표준세율로 계산한 금액
C: 주택을 합산해 주택분 재산세 표준세율로 계산한 재산세 상당액

A = 9억 원×0.4% - 63만 원 = 297만 원
B = (15억 원-9억 원)×95%×60%×0.4% = 136만 8,000원
C = 9억 원×0.4% - 63만 원 = 297만 원

공제할 재산세액 = A×B÷C = 136만 8,000원

재산세 중복분 차감 후 산출세액은 다음과 같이 계산됩니다.

372만 원(종합부동산세 산출세액)-136만 8,000원(공제할 재산세액)
= 235만 2,000원

이 금액에 고령에 따른 공제(20%)로 47만 400원과 장기보유에 따른 공제(40%)로 94만 800원을 차감합니다. 이때 세부담 상한을 초과하는 세액은 없는 것으로 합니다. 그러면 납부할 세액은 다음과 같이 계산됩니다.

235만 2,000원-47만 400원-94만 800원=94만 800원

여기에 농어촌 특별세 20%를 더해 최종적으로 납부하게 될 종합부동산세 금액은 다음과 같습니다.

94만 800원+18만 8,160원=112만 8,960원

종합부동산세에 적용되는 세율은 여러 차례 개정을 거쳐 확정되었으며, 2021년 6월 1일부터 보유한 사람에게 부여되는 종합부동산세와 관련한 세율은 다음과 같습니다.

종합부동산세의 세율표
1. 주택과 부수토지

과세표준	일반		다주택자	
	세율	누진공제	세율	누진공제
3억 원 이하	0.6%	–	1.2%	–
6억 원 이하	0.8%	60만 원	1.6%	120만 원
12억 원 이하	1.2%	300만 원	2.2%	480만 원
50억 원 이하	1.6%	780만 원	3.6%	2,160만 원
94억 원 이하	2.2%	3,780만 원	5.0%	9,160만 원
94억 원 초과	3.0%	1억 1,300만 원	6.0%	1억 8,560만 원

2. 종합합산과세 대상 토지

과세표준	일반	
	세율	누진공제
15억 원 이하	1%	–
45억 원 이하	2%	1,500만 원
45억 원 초과	3%	6,000만 원

3. 별도 합산과세 대상 토지

과세표준	일반	
	세율	누진공제
400억 원 이하	0.5%	–
400억 원 초과	0.6%	2,000만 원
400억 원 초과	0.7%	6,000만 원

● 종합부동산세와 관련해 가장 많이 받는 질문들

종합부동산세에 대한 상담을 진행하다 보면 중복되는 질문들이 있습니다. 절세에 민감한 투자자들이 가장 많이 신경 쓰는 부분이므로 이 질문들부터 살펴보세요. 그리고 자신의 상황과 비교하여 상세한 질문을 준비해 세무사나 회계사와 상담할 것을 권합니다.

Q1. 1세대가 1주택을 공동명의로 보유하고 있는 경우에 2주택 세율이 적용되나요?

2018년 법률 개정으로 주택 수에 따른 종합부동산세의 세율이 다르게 적용됩니다. '부부가 공동명의로 소유한 경우 각자가 소유한 것으로 본다'와 관련한 내용입니다. 종합부동산세는 각 개인이 소유한 주택의 공시가격을 합산하고 각 주택 수에 따른 세율을 적용합니다.

때문에 1세대가 1주택을 공동명의로 보유하고 있는 경우에는 본인도 1주택 세율, 배우자도 1주택 세율을 적용하는 것이지 각자의 주택을 합하여 2주택으로 보는 것은 아닙니다.

Q2. 공동명의로 보유하는 경우 절세 효과가 있나요?

매년 보유세와 관련해서 많이 질문받는 내용입니다. 공동명의로 보유하는 경우는 두 가지가 있습니다. 첫째, 최초 취득 시부터 공동명의로 보유하는 경우와 둘째, 개인 명의로 보유하다가 명의 분산 목적으로 배우자에게 증여세 한도 내에서 일부 지분을 이전하여 공동명의로 변경하는 경우입니다. 최초 취득 시부터 공동명의로 보유하는 경우에는 과세표준의 분산 효과(본인도 6억 원 공제, 배우자도 6억 원 공제)가 가능하므로 공시가격 기준 12억 원(시세 기준 18억 원, 공시가격 반영률 67% 기준)까지는 종합부동산세가 0으로 산출됩니다.

그러나 기존에 보유하고 있던 주택을 공동명의로 변경하는 경우에는 신중하게 생각해봐야 합니다. 부부 간 증여로 시세 기준 6억 원까지는 10년간 증여세 없이 명의를 변경할 수 있으나, 그에 따른 취득세는 공시가격 기준 4%만큼 부담해야 합니다. 또한 단독명의인 경우 1주택이어서 받을 수 있었던 장기보유공제와 연령에 따른 공제를 받지 못할 수도 있습니다. 세대 내에서 해당 주택에 대한 보유기간을 얼마나 가지고 갈 것인지에 따라 충분한 검토가 필요합니다.

Q3. 임대 등록을 하면 종합부동산세를 줄일 수 있나요?

2018년 3월 31일 기준으로는 단기 임대 등록(4년 임대 등록)만 해도 최초로 합산 배제를 신청한 연도의 과세기준일 공시가격이 6억 원을 초과하지 않으면, 종합부동산세의 합산 배제(종합부동산세 계산 시 대상에 포함되지 않음)가 가능했습니다. 그러나 2018년 4월 1일 이후부터는 장기 민간임대일반주택으로 등록(8년 임대의무)을 하고, 최초로 합산 배제를 신청한 연도의 과세기준일 공시가격이 6억 원을 초과하지 않아야 종합부동산세의 과세 대상이 되지 않습니다.

하지만 2018년 9월 14일 이후 취득하는 주택에 대해서는 임대 등록을 해도 종합부동산세 과세 대상에서 제외되지 않습니다. 때문에 해당 주택을 언제 매수했느냐, 얼마나 오랫동안 보유할 것이냐에 따라 의사결정을 신중하게 해야 합니다. 2019년 10월 24일 이후로 임대 등록을 말소하는 경우에는 3,000만 원의 과태료가 부과되기 때문입니다. 또한 임대 등록을 한 주택에 대해 종합부동산세의 합산 대상이 되지 않도록 하기 위해서는 최소 임대의무기간 동안 임대료 상승률이 5% 이내로 제한됩니다.

Q4. 조정대상지역의 1세대 2주택자는 세율이 높다는데 이를 줄이는 방법은 없나요?

양도소득세에서도 살펴보겠지만, 세법에서는 혼인으로 인한 합가 또는 동거봉양으로 인한 합가의 경우에는 각종 세제상 혜택을 부여하고 있습니다. 「종합부동산세법」에서도 관련 규정이 있고, 「종합부동산세법 시행령」 제1조의2 (세대의 범위)에 관련 내용이 있습니다.

1세대는 주택 또는 토지의 소유자 및 배우자가 동일한 주소 또는 거소에서 생계를 같이하는 가족과 함께 구성하는 1세대를 말합니다.

이때 가족은 소유자와 그 배우자의 직계존비속 및 형제, 자매를 포함하며, 취학, 질병의 요양, 근무상 또는 사업상의 형편으로 본래의 주소 또는 거소를 일시퇴거한 자를 포함합니다. 즉 부부 간에는 직장 발령 등으로 주소지를 달리 하고 있어도 동일한 1세대로 보는 것입니다. 다만, 이러한 규정에도 불구하고 다음의 경우는 예외로 하고 있으므로 잘 살펴서 매매 계획을 마련해야 합니다.

1) **혼인으로 1세대를 구성하는 경우:** 종합부동산세 계산에 있어서 혼인한 날부터 5년간은 본인과 배우자를 각각 1세대로 본다.
2) **동거봉양하기 위해 합가한 경우:** 합가한 날로부터 10년간은 본인과 부모님을 종합부동산세 계산에 있어서 각각 1세대로 본다.

서울 마포구에 소재한 공시가격 9억 원의 아파트를 소유한 A씨가 공시가격 6억 원의 아파트를 소유한 B씨와 혼인한 경우 2주택으로 보아 높은 세율이 적용되는 것이 아닙니다. 혼인일로부터 5년간은 A씨도 1세대 1주택, B씨도 1세대 1주택으로 보는 것입니다. 따라서 이 경우에는 종합부동산세 부담액이 발생하지 않습니다.

종합부동산세는 보유하고 있는 동안에는 지속적으로 발생하는 것으로 양도소득세와 같이 취득 및 양도 시기를 조절함으로써 세금을 아끼는 방법은 많이 있습니다. 다만, 종합부동산세도 세금이기에 '과세표준 ×세율'에 따라 계산되는 것이며, 명의분산으로 과세표준을 줄이는 절세가 가능합니다. 또한 의사결정에 따라 임대사업 등록을 함으로써 합산 대상에서 제외하는 방법도 가능합니다(2018년 9월 13일 이전 취득분, 과세기준일 기준 공시가격 6억 원 이하인 경우 한정). 그 외에는 매도 시기를 5월 31일 이전으로 조절함으로써 과세 대상에서 제외되는 방법도 있습니다. 본인의 투자 목적, 보유 목적에 따라 지속 보유할 것인지 매도할 것인지를 선택하면 됩니다.

Q5. 1세대 1주택자 단독명의는 9억 원을 공제하여 주고, 장기보유공제도 있는데, 1세대 1주택자 공동명의는 12억 원 공제만 있습니다. 이럴 경우 단독명의가 유리한가요, 공동명의가 유리한가요?

이 질문은 실제 세법 상담에서 거의 대부분의 사례에서 접할 수 있는 내용입니다. 기사 등에서 매번 언급되고 있기 때문입니다. 다만, 실제 사례를 고려해본다면 좀 더 자세히 살펴봐야 합니다.

1) **해당 1주택의 공시가격이 9억 원 이하인 경우:** 공동명의의 경우와 단독명의의 경우가 차이가 없습니다. 물론 공시가격이 9억 원을 초과하는 경우에는 초과 부분에 대하여 납세의무를 부담하게 됩니다. 하지만 9억 원을 차감한 후 계산하고 세율도 0.6%만 적용되므로, 1주택자 단독명의의 공시가격이 10억 원이라면 예상되는 종합부동산세는 농어촌 특별세를 제외하고 60만 원 내외로 계산됩니다.

2) **공시가격이 9억 원 초과~12억 원 이하인 경우:** 공동명의의 경우 각자 6억 원을 공제하기 때문에 종합부동산세의 납부의무가 없지

만, 단독명의의 경우 9억 원 공제 후 과세표준에 대하여 0.6%의 세율이 부과됩니다. 다만, 소유기간과 소유자의 나이 등을 고려한 공제 금액이 있으므로, 최대 부담 세율은 종합부동산세 기준으로 200만 원 내외 금액이 예상됩니다.

3) 공시가격이 15억 원을 초과하는 경우: 소유주의 소유기간, 소유자의 나이 등을 고려하여 단독명의가 유리할 경우가 있습니다. 양도소득세를 고려하여 공동명의로 소유권 이전을 진행하였으나 보유기간 중 종합부동산세의 부담을 단독명의인 경우보다 더 불리해질 수 있는 것입니다. 이에 따라 1세대 1주택자의 경우에는 단독명의와 공동명의의 유불리를 없애기 위하여 종합부동산세 납부 시 단독명의로 장기공제를 받을 것인지, 공동명의로 12억 원의 공제를 받을 것인지 선택할 수 있도록 법률이 개정되었습니다.

다만, 종합부동산의 절감을 위한 단독명의 또는 공동명의로의 명의 변경은 세무전문가의 상담 절차 진행 후 처리하기를 부탁드립니다. 변경되는 소유 형태에 따른 절감액이 크지 않을 수 있고, 진행 과정 시 발생하는 취득세나 증여세 부담이 생각보다 크기 때문입니다.

지방세

매년 6월 1일을 기준으로 종합부동산세를 납부하기 전에 토지와 건물을 보유한 사람은 재산세를 납부하게 됩니다. 매년 7월 16일부터 7월 31일까지가 납부 기한으로 건물분 재산세와 주택분 재산세의 100분의 50을, 매년 9월 16일부터 9월 30일까지의 납부 기한에 토지분 재산세와 주택분 재산세의 100분의 50을 관할 기관에서 고지하여 납부하게 됩니다. 매년 6월 1일을 기준으로 하기 때문에 이와 관련하여 4월부터 5월 즈음의 부동산 매매 계약 현장에서는 잔금일을 언제로 하느냐, 또는 당해 연도 재산세 부담을 매도자와 매수자 중 누가 하느냐를 가지고 가볍지 않은 논쟁이 벌어지기도 합니다. 매도자 입장에서는 5월 31일 이전에 거래하는 것이 유리하고, 매수자 입장에서는 6월 1일 이후에 취득하는 것이 유리합니다. 재산세를 납부하는 자가 12월 1일부터 12월 15일까지 종합부동산세도 납부해야 하기 때문에 실제 현장에서는 가볍지 않은 논쟁거리입니다.

● 재산세

재산세는 주택에 대하여 부과되는 세금으로 시가표준액(공시가격)에 법률로 정해진 공정시장가액비율을 곱한 금액을 과세표준으로 하여 계산합니다. 주택분(주택과 부수토지)에 대해 살펴보면 일반적으로 매매 시세 대비 70% 수준으로 공시가격이 책정되고, 이 공시가격에 다시 60%의 공정시장가액비율을 곱한 금액이 과세표준 금액이 됩니다. 매월 발표되는 KB주택가격동향(2021년 2월)을 기준으로 한 서울 아파트의 중위 매매가격은 9억 6,480만 원입니다. 이 금액을 기준으로 재산세를 계산해보도록 하겠습니다.

먼저 매매가격 기준이므로 일반적인 매매 시세 대비 비율인 70%를 적용한 공시가격을 구하면 6억 7,536만 원이 됩니다. 이 금액에 다시 주택의 공정시장가액비율인 60%를 곱한 4억 521만 6,000원이 과세표준 금액이 됩니다. 이 과세표준 금액은 다음 세율표의 세율에 따라 계산합니다.

주택분 재산세의 세율

과세표준	세율	누진공제
6,000만 원 이하	0.1%	–
1억 5,000만 원 이하	0.15%	3만 원
3억 원 이하	0.25%	18만 원
3억 원 초과	0.4%	63만 원

이에 세금을 계산해보면 다음과 같습니다.

4억 521만 6,000원×0.4%-63만 원=99만 864원

이 금액을 7월과 9월에 나누어 납부하게 됩니다.

다만, 계속적으로 상승하는 공시가격으로 인한 세부담을 완화하기 위하여 1세대 1주택자이고, 그 주택의 공시가격이 6억 원 이하인 주택에 대해서는 위 세율표에도 불구하고 다음의 세율표를 적용합니다.

주택분 재산세 세율 – 1주택자 공시가격 6억 원 이하 적용

과세표준	세율	누진공제
6,000만 원 이하	0.05%	–
1억 5,000만 원 이하	0.1%	3만 원
3억 원 이하	0.2%	18만 원
3억 원 초과	0.35%	63만 원

공동주택 공시가격 기준 5억 원인 주택의 경우 개정 전 세율과 개정 후 세율을 적용하여 재산세 부분만 비교하면 다음과 같습니다.

구분	개정 전 세율	개정 후 세율
공동주택 공시가격	5억 원	5억 원
과세표준	3억 원	3억 원
세율	0.25%	0.2%
누진공제	18만 원	18만 원
재산세액	57만 원	42만 원

● 지방교육세

재산세는 위에서 계산한 재산세뿐만 아니라 그에 추가적으로 부과되는 지방교육세라는 항목의 세금이 더 있습니다. 지방교육의 질적 향상에 필요한 지방교육 재정의 확충을 위한 재원을 확보하기 위해 부과되는 세금(「지방세법」 제149조)이며, 재산세 산출세액의 20%를 그 금액으로 합니다. 즉 앞의 재산세에서 지방교육세를 계산하면 다음과 같습니다.

99만 864원×20%=19만 8,173원

이 역시 7월과 9월에 재산세를 납부할 때 함께 납부하게 됩니다.

● 재산세 도시지역분

재산세와 지방교육세에 추가하여 도시계획에 필요한 비용을 충당하기 위해 지정한 토지나 건축물에 부과하는 세금(「지방세법」 제112조)도 함께 납부하게 됩니다. 앞에서 계산한 재산세 과세표준 금액인 4억 521만 6,000원에 0.14%를 곱하여 산출합니다.

4억 521만 6,000원×0.14%=56만 7,302원

재산세 고지서에서 재산세와 지방교육세 금액과 함께 볼 수 있습니다.

서울에서 3월에 거래된 평균적인 금액의 아파트를 소유하고 있는 세대에서는 2020년 기준으로 99만 864원+19만 8,173원+56만 7,302원=175만 6,339원의 재산세 고지서를 수령하게 되며, 이 금액을 7월

과 9월 중 나누어 납부하게 됩니다. 이 금액과 별도로 지역자원시설세가 일부 부과될 수 있으나 금액이 그리 크지 않으므로 생략하도록 하겠습니다.

이렇게 산출된 재산세(지방교육세와 도시계획세를 포함)도 주택임대사업자 등록을 하는 경우에는 감면 혜택이 있습니다. 공동주택 또는 주거용 오피스텔 2호 이상을 임대주택으로 등록하여 임대사업을 하는 경우에 전용면적에 따라 감면받을 수 있습니다. 관련 규정은 다음과 같습니다.

지방세특례제한법 제31조 – 단기임대등록(4년)의 경우

④ 대통령령으로 정하는 임대사업자 등이 대통령령으로 정하는 바에 따라 국내에서 임대용 공동주택 또는 오피스텔을 과세기준일 현재 2세대 이상 임대 목적으로 직접 사용하는 경우에는 다음 각 호에서 정하는 바에 따라 재산세를 2021년 12월 31일까지 감면한다. 다만, 「지방세법」 제4조제1항에 따라 공시된 가액 또는 시장·군수가 산정한 가액이 3억원(「수도권정비계획법」 제2조제1호에 따른 수도권은 6억원으로 한다)을 초과하는 공동주택과 「지방세법」제4조제2항에 따른 시가표준액이 2억원(「수도권정비계획법」 제2조제1호에 따른 수도권은 4억원으로 한다)을 초과하는 오피스텔은 감면 대상에서 제외한다.

1. 전용면적 40제곱미터 이하인 「공공주택 특별법」 제50조의2제1항에 따라 30년 이상 임대 목적의 공동주택에 대해서는 재산세(「지방세법」 제112조에 따른 부과액을 포함한다)를 면제한다.

2. 전용면적 60제곱미터 이하인 임대 목적의 공동주택 또는 오피스텔에 대해서는 재산세(「지방세법」 제112조에 따른 부과액을 포함한다)의 100분의 50을 경감한다.

---

3. 전용면적 85제곱미터 이하인 임대 목적의 공동주택 또는 오피스텔에 대해서는 재산세의 100분의 25를 경감한다.

⑤ 제4항을 적용할 때 「민간임대주택에 관한 특별법」 제6조에 따라 임대사업자 등록이 말소된 경우에는 그 감면 사유 소멸일부터 소급하여 5년 이내에 감면된 재산세를 추징한다. 다만, 다음 각 호의 어느 하나에 해당하는 경우에는 추징에서 제외한다.

1. 「민간임대주택에 관한 특별법」 제43조제1항에 따른 임대의무기간이 경과한 후 등록이 말소된 경우

2. 그 밖에 대통령령으로 정하는 경우

지방세특례제한법 시행령 제13조 – 추징이 제외되는 임대의무기간 내 분양 등
① 법 제31조제3항 각 호 외의 부분에서 "대통령령으로 정한 경우"란 「민간임대주택에 관한 특별법」 제43조제4항 또는 「공공주택 특별법 시행령」 제54조제2항제1호 및 제2호에서 정하는 경우를 말한다.

민간임대주택에 관한 특별법 제43조 – 임대의무기간 및 양도 등
④ 제1항에도 불구하고 임대사업자는 임대의무기간 중에도 다음 각 호의 어느 하나에 해당하는 경우에는 임대의무기간 내에도 계속 임대하지 아니하고 말소하거나, 대통령령으로 정하는 바에 따라 시장·군수·구청장에게 허가를 받아 임대사업자가 아닌 자에게 민간임대주택을 양도할 수 있다.

1. 부도, 파산, 그 밖의 대통령령으로 정하는 경제적 사정 등으로 임대를 계속할 수 없는 경우

2. 공공지원임대주택을 20년 이상 임대하기 위한 경우로서 필요한 운영비용 등을 마련하기 위하여 제21조의2제1항제4호에 따라 20년 이상 공급하기로 한 주택 중 일부를 10년 임대 이후 매각하는 경우

3. 제6조제1항제11호에 따라 말소하는 경우

지방세특례제한법 제31조의3 – 장기임대등록(10년)의 경우

① 「민간임대주택에 관한 특별법」 제2조제4호에 따른 공공지원민간임대주택 및 같은 조 제5호에 따른 장기일반민간임대주택을 임대하려는 자가 대통령령으로 정하는 바에 따라 국내에서 임대 목적의 공동주택 2세대 이상 또는 대통령령으로 정하는 다가구주택(모든 호수의 전용면적이 40제곱미터 이하인 경우를 말하며, 이하 이 조에서 "다가구주택"이라 한다)을 과세기준일 현재 임대 목적에 직접 사용하는 경우 또는 같은 법 제2조제1호에 따른 준주택 중 오피스텔(이하 이 조에서 "오피스텔"이라 한다)을 2세대 이상 과세기준일 현재 임대 목적에 직접 사용하는 경우에는 다음 각 호에서 정하는 바에 따라 2021년 12월 31일까지 지방세를 감면한다. 다만, 「지방세법」 제4조제1항에 따라 공시된 가액 또는 시장·군수가 산정한 가액이 3억원(「수도권정비계획법」 제2조제1호에 따른 수도권은 6억원으로 한다)을 초과하는 공동주택과 「지방세법」 제4조제2항에 따른 시가표준액이 2억원(「수도권정비계획법」 제2조제1호에 따른 수도권은 4억원으로 한다)을 초과하는 오피스텔은 감면 대상에서 제외한다. 〈개정 2014. 5. 28., 2015. 8. 28., 2015. 12. 29., 2018. 1. 16., 2018. 12. 24., 2020. 8. 12.〉

1. 전용면적 40제곱미터 이하인 임대 목적의 공동주택, 다가구주택 또는 오피스텔에 대해서는 재산세(「지방세법」 제112조에 따른 부과액을 포함한다)를 면제한다.

2. 전용면적 40제곱미터 초과 60제곱미터 이하인 임대 목적의 공동주택 또는 오피스텔에 대하여는 재산세(「지방세법」 제112조에 따른 부과액을 포함한다)의 100분의 75를 경감한다.

3. 전용면적 60제곱미터 초과 85제곱미터 이하인 임대 목적의 공동주택 또는 오피스텔에 대하여는 재산세의 100분의 50을 경감한다.

② 제1항을 적용할 때 「민간임대주택에 관한 특별법」 제6조에 따라 임대사업자 등록이 말소된 경우에는 그 감면 사유 소멸일부터 소급하여 5년 이내에 감면된 재산세를 추징한다. 다만, 다음 각 호의 어느 하나에 해당하는 경우에는 추징에서 제외한다. 〈개정 2015. 8. 28., 2015. 12. 29., 2016. 12. 27., 2018. 1. 16., 2018. 12. 24., 2020. 1. 15.〉

1. 「민간임대주택에 관한 특별법」 제43조제1항에 따른 임대의무기간이 경과한 후 등록이 말소된 경우

2. 그 밖에 대통령령으로 정하는 경우

지방세특례제한법 시행령 제13조의2 - 다가구주택의 범위 등
① 법 제31조의3제1항 각 호에서 정하는 바에 따라 지방세를 감면받으려는 자는 「민간임대주택에 관한 특별법」 제5조에 따라 해당 부동산을 임대목적물로 하여 임대사업자로 등록하여야 한다.

② 법 제31조의3제1항 각 호 외의 부분에서 "대통령령으로 정하는 다가구주택"이란 다가구주택(「민간임대주택에 관한 특별법 시행령」 제2조의2에 따른 일부만을 임대하는 다가구주택은 임대 목적으로 제공하는 부분만 해당한다)으로서 「건축법」 제38조에 따른 건축물대장에 호수별로 전용면적이 구분되어 기재되어 있는 다가구주택을 말한다.

③ 법 제31조의3제2항제2호에서 "대통령령으로 정하는 경우"란 「민간임대주택에 관한 특별법」 제43조제4항의 사유로 임대사업자 등록이 말소된 경우를 말한다.

정리하면, 단기 임대 등록(4년) 또는 장기 임대 등록(8년)하여 재산세를 감면받는 경우에는 임대 면적에 따라 재산세를 25~100%까지 감면받게 됩니다.

앞 사례의 아파트가 전용 $60 \sim 85m^2$이고, 다른 임대주택도 등록되어 있어 2호 이상의 임대 요건을 만족하며, 8년 이상 등록한 주택이라면 50%의 재산세를 감면받는 것입니다. 다만, 임대의무기간 중 매도하게 되면, 그동안 감면받은 재산세를 모두 추징받게 됩니다. 이때 감면받은

기간 동안의 이자분도 함께 추가로 납부해야 합니다. 그러므로 최초 임대 등록 시 충분히 고민한 후 등록해야 합니다.

뒤에서 살펴보겠습니다만, 주택임대사업자로 등록한다는 것은 사업자가 된다는 뜻으로 지역 가입자의 경우 건강보험료도 인상될 수 있으므로 충분히 고민해야 합니다. 또한 취득세 감면과 동일하게 재산세에서도 최소한으로 납부해야 하는 금액을 세법상으로 정하고 있습니다. 최초 계산된 재산세액이 50만 원 이하인 경우에는 감면 규정(100%)에도 불구하고 85%의 감면율만 적용하여 최소한의 세금은 납부하게 됩니다.

주택의 임대와 세금

주택의 임대수입(소득)과 관련한 세금은 아직도 익숙하지 않습니다. 2020년 5월 1일~2020년 5월 31일까지 신고/납부가 이루어진 것에 준하여 2020년 1월 1일~2020년 12월 31일까지의 기간 동안 발생한 임대소득(임대수입－임대경비)에 대하여 2021년 5월 1일부터 2021년 5월 31일까지의 기간 동안 신고 및 납부가 이루어져야 합니다.

각 항목별로 해당 내역을 살펴보도록 하겠습니다.

● 임대소득의 신고 : 분리과세

2020년 1월 1일~2020년 12월 31일까지 발생한 주택의 임대소득 중에서 수입 금액이 2,000만 원 이하인 경우에는 다른 종합소득과 합산하지 않고 분리하여 14%의 세율만 적용하여 과세합니다. 이때 수입금액은 임대차계약에서 발생한 월세 등의 임대료 및 청소 등 세입자로부터 수령한 금액을 기준으로 고려합니다.

다만, 세대 내에서 보유하고 있는 주택이 1주택인 경우에는 해당 주택의 기준시가가 9억 원을 초과하는 경우 발생한 월세 소득에 대해서만 과세 대상이 됩니다.

보유 주택 수가 2주택 이하인 경우 전세 보증금에 대해서는 과세되지 않고, 월세 수입에 대해서만 과세됩니다. 보유 주택의 수가 3주택 이상인 경우에는 3억 원을 초과하는 전세 보증금에 대해 다음 산식으로 계산된 간주임대료를 합산하여 수입 금액으로 고려합니다.

3주택 이상 소유자의 간주임대료 계산 = (보증금의 적수의 합 - 3억 원) × 60% × 정기예금 이자율

이때 정기예금 이자율은 2020년의 경우 1.8%를 적용합니다.

3주택 이상에 해당하는지 여부를 판단하기 위하여 주택 수를 계산할 때 소형 주택을 제외하고 계산하는데, 이때 소형 주택은 전용면적 40m² 이하이며, 공시가격 2억 원 이하를 만족하는 주택을 말합니다.

예를 들어 2020년 12월 31일 현재 3주택을 소유하고 있는 A씨의 경우에도 3번째 주택이 전용면적 40m² 이하이며, 공시가격이 2억 원 이하라면 2주택으로 고려되어 전세 보증금에 대한 간주임대료에 따른 주택임대소득세를 납부하지 않아도 됩니다.

다만, 첫 번째 주택은 「민간임대주택에 관한 특별법」에 따라 주택임대사업자 등록을 했으며, 「소득세법」에 따라 사업자 등록을 한 상태에서 임대수입 등이 월 80만 원 발생하고, 두 번째 주택은 「민간임대주택에 관한 특별법」에 따라 주택임대사업자 등록을 하지 않고 월 60만 원의 소득이 발생한 경우 주택임대소득세 신고를 위한 주택의 임대소득은 다음과 같이 계산됩니다.

사례 1) 첫 번째 주택 임대(임대사업자 등록)+두 번째 주택 월세 임대(임대사업자 미등록)+세 번째 주택 전세 임대(소형 주택, 간주임대료 대상에서 제외)

구 분	첫 번째 주택	두 번째 주택	세 번째 주택
	주택임대사업자 등록 부분	주택임대사업자 미등록 부분	과세 제외
수입 금액	80만 원×12	60만 원×12	–
필요경비ⓐ	80만 원×12×60%	60만 원×12×50%	–
소득 금액	384만 원	360만 원	–
적용세율	14%	14%	–
소득세액	53만 7,600원	50만 4,000원	–
세액감면ⓑ	(40만 3,200원)	–	–
감면 후 납부세액	13만 4,400원	50만 4,000원	–
지방소득세 10%	1만 3,440원	5만 400원	–
합계 납부세액ⓒ	(A) 14만 7,840원	(B) 55만 4,400원	–

ⓐ 주택임대사업 등록 부분은 필요경비를 60% 반영하고, 주택임대사업
    등록하지 않은 부분은 필요경비를 50% 반영함

ⓑ 8년 임대 등록하는 경우 소득세액의 75%를 세액공제함(4년 등록 시
    30% 감면)

ⓒ 최종 합계 납부세액 = (A) + (B) = 14만 7,840원 + 55만 4,400원 =
    70만 2,240원

그러나 A씨가 소유한 세 번째 주택은 소형 주택 제외 기준에 부합
하지 못하고, 보증금 4억 원에 임대하고 있으며, 임대사업 등록을 하지
않은 경우를 고려하면 다음 금액이 수입 금액에 더해져 계산됩니다.

(보증금의 합 4억 원-3억 원)×60%×1.8%=108만 원

이 108만 원에 50% 경비율을 반영하여 54만 원을 임대소득에 가산한 후 임대소득세를 다시 계산하면 다음과 같습니다.

사례 2) **첫 번째 주택 월세 임대(임대사업자 등록)＋두 번째 주택 월세 임대(임대사업자 미등록)＋세 번째 주택 전세 임대(임대사업자 미등록)**

구 분	첫 번째 주택 주택임대사업자 등록 부분	두 번째 주택 주택임대사업자 미등록 부분	세 번째 주택 주택임대사업자 미등록 부분
소득금액	384만 원	360만 원	54만 원
적용세율	14%	14%	14%
소득세액	53만 7,600원	50만 4,000원	7만 5,600원
세액감면	(40만 3,200원)	－	－
감면 후 납부세액	13만 4,400원	50만 4,000원	7만 5,600원
지방소득세 10%	1만 3,440원	5만 400원	7,560원
합계 납부세액	(C) 14만 7,840원	(D) 55만 4,400원	(E) 8만 3,160원

최종 합계 납부세액＝(C)+(D)+(E)＝14만 7,840원＋55만 4,400원＋8만 3,160원=78만 5,400원

이 두 사례를 비교해보면 간주임대료 계산에 따라 108만 원이 수입금액으로 추가되어 8만 3,160원의 세금(지방소득세 포함)이 추가되었습니다. 여기에서도 절세를 고려할 수 있습니다.

2021년 3월 31일 현재 기준금리가 0.5%이므로 「주택임대차보호법」에 따른 전월세 전환율은 2.5%로 계산됩니다. 월세 60만 원으로 임대하고 있는 두 번째 주택을 전세로 전환하는 경우에는 다음의 식으로

계산하여 전세 보증금 1억 6,941만 1,765원에 계약된 것과 동일하게 볼 수 있습니다.

환산 보증금 = (월세×12)÷2.5% = (60만 원×12)÷2.5% = 2억 8,800만 원

그럼 주택임대사업자를 등록하지 않은 두 번째 주택은 전세 2억 8,800만 원에 임대하고 있으며, 세 번째 주택에 대해서는 4억 원에 임대를 하고 있다고 가정해봅시다. 해당 두 주택에 대한 간주임대료를 계산하면 다음과 같습니다.

(보증금의 합 6억 8,800만 원-3억 원)×60%×1.8% = 419만 400원

사례 3) 첫 번째 주택 월세 임대(임대사업자 등록)+두 번째와 세 번째 주택 전세 임대(임대사업자 미등록)

* 소득금액 = 419만 400원×50% = 209만 5,200원

최종 합계 납부세액 = (F)+(G) = 14만 7,840원+32만 2,660원 = 47만 500원

사례 2)와 사례 3)에서는 임대 계약의 변경을 통하여 31만 4,900원(78만 5,400원-47만 500원)의 세금을 줄일 수 있습니다. 물론 이 사례는 계산을 위한 가상의 사례이며, 실제는 본인의 현금 보유 여부와 보유 계획 및 매도 계획에 따라 적절한 임대차 형태를 고려해야 합니다.

구 분	첫 번째 주택	두 번째 주택	세 번째 주택
	주택임대사업자 등록 부분	주택임대사업자 미등록 부분	
소득금액	384만 원	209만 5,200원*	
적용세율	14%	14%	
소득세액	53만 7,600원	29만 3,328원	
세액감면	(40만 3,200원)	–	
감면 후 납부세액	13만 4,400원	29만 3,328원	
지방소득세 10%	1만 3,440원	2만 9,332원	
합계 납부세액	(F) 14만 7,840원	(G) 32만 2,660원	

　그럼, 이제 3개의 임대주택을 보유하고 있는 홍길동 씨(사례 4에서 설명할)가 간주임대료 계산에 따른 수입 금액과 월세 수입을 합하여 2,000만 원 이하로 분리과세로 신고하는 경우를 기준으로 실제 종합소득세 과세표준 확정신고 및 납부 계산서를 작성해보도록 하겠습니다.

실제 신고서 작성 예시

사례 4) 임대사업자 미등록, 다른 소득이 있음

〈서식 2-1〉 종합소득세 과세표준 확정신고 및 납부계산서

■ 소득세법 시행규칙 [별지 제40호서식(6)] 〈개정 2021. 3. 16.〉 (3쪽 중 제1쪽)

관리번호	-

(2020 년 귀속) **종합소득세 과세표준확정신고 및 납부계산서** (분리과세 소득자용)

거주구분	거주자1 /비거주자2
내 · 외국인	내국인1 /외국인9
거주지국	거주지국코드

❶ 기본사항	① 성 명 홍길동		② 주민등록번호 900602 - 1XXXXX	
	③ 주 소 서울시 종로구 XXX		④ 전자우편주소	
	⑤ 주소지 전화번호 02-XXX - XXX		⑥ 휴대전화번호	
	⑦ 신고유형	35 분리과세	⑧ 신고구분	10 정기신고, 20 수정신고, 40 기한후신고
❷ 환급금 계좌신고	⑨ 금융기관/체신관서명		⑩ 계좌번호	
❸ 세무대리인	⑪ 성명		⑫ 사업자등록번호	- -
	⑬ 관리번호	-	⑭ 전화번호	

❹ 종합소득세액의 계산

구 분	합 계	33 주택임대 사업소득	(69) 기타소득 (계약금이 위약금 · 배상금으로 대체되는 경우)
⑮ 총수입금액		15,540,000	
⑯ 필요경비		7,770,000	
⑰ 공제금액			
⑱ 소득금액(과세표준): ⑮ - ⑯ - ⑰		7,770,000	
⑲ 세율		14%	20%
⑳ 산출세액: ⑱×⑲		1,087,800	
㉑ 세액감면		-	
㉒ 결정세액: ⑳-㉑	1,087,800	1,087,800	
㉓ 가산세액: 가산세액명세(㊱~㊶)의 합계금액	-		
㉔ 추가납부세액 : (52)+(60)	-		
㉕ 합계: ㉒+㉓+㉔	1,087,800		
㉖ 기납부세액	-		
㉗ 납부(환급)할 세액: ㉕-㉖	1,087,800		

❺ 농어촌특별세의 계산

㉘ 과세표준: ㉑ 세액감면란의 금액			
㉙ 세율		20%	
㉚ 산출세액(결정세액): ㉘×㉙			
㉛ 가산세액			
㉜ 추가환급세액			
㉝ 합계: ㉚+㉛-㉜			
㉞ 기납부세액			
㉟ 납부(환급)할 세액: ㉝ - ㉞			

❻ 가산세액 명세

	구 분		계산기준	기준금액	가산세율	가산세액
가산세액계산명세	㊱ 무 신 고	부 정 무 신 고	무 신 고 납 부 세 액		40/100(60/100)	
			수 입 금 액		14/10,000	
		일 반 무 신 고	무 신 고 납 부 세 액		20/100	
			수 입 금 액		7/10,000	
	㊲ 과 소 신 고	부 정 과 소 신 고	과 소 신 고 납 부 세 액		40/100(60/100)	
			수 입 금 액		14/10,000	
		일 반 과 소 신 고	과 소 신 고 납 부 세 액		10/100	

210㎜×297㎜(백상지 80g/㎡)

구 분			계산기준	기준금액	가산세율	가산세액
㉟ 납부지연		미 납 일 수	( )		25/100,000	
		미납부(환급)세액				
가산세액계산명세서	㊳ 보고불성실 (세금)계산서 관련 가산세 (직전년도 수입금액이 기준금액 이상으로 복식부기 의무자에 해당하는 경우 작성)	지급명세서	미제출(불명)	지급(불명)금액	1/100	
			지연제출	지연제출금액	0.5/100	
		근로소득간이지급명세서	미제출(불명)	지급금액	0.25/100	
			지연제출	지연제출금액	0.125/100	
		계산서	미발급(위장가공)	공급가액	2/100	
			지연발급	공급가액	1/100	
			불명	불명금액	1/100	
			전자계산서 외 발급	공급가액	1/100	
			전자계산서 미전송	공급가액	3/1,000 (1/100)	
			전자계산서 지연전송	지연전송금액	1/1,000 (5/1,000)	
		계산서 합계표	미제출(불명)	공급(불명)가액	0.5/100	
			지연제출	지연제출금액	0.3/100	
		매입처별 세금 계산서 합계표	미제출(불명)	공급(불명)가액	0.5/100	
			지연제출	지연제출금액	0.3/100	
	㊴ 공동사업장 등록불성실	미등록·허위등록		총수입금액	0.5/100	
		손익분배비율 허위신고 등		총수입금액	0.1/100	
	㊶ 주택임대사업자 미등록			미등록기간 수입금액	2/1,000	

❼ 추가납부세액 계산

1. 공제금액에 대한 추가납부세액

㊷구분	㊸공제받은 과세기간	㊹추가납부사유	추가납부액 관련 필요경비 및 공제금액			㊼소득세 상당액	가 산 액			㊾추가납부액 (㊻+㊽)
			㊺계	㊺필요경비차액	㊼공제받은금액차액		㊾이자율 [( )/10,000]	㊿기간	㊿금액 (㊻×㊾×㊿)	

2. 감면세액에 대한 추가납부세액

㊾구분	㊾공제받은 과세기간	㊾추가납부사유	㊾감면세액	가 산 액			㊿추가납부액 (㊾+㊾)
				㊾이자율 [( )/10,000]	㊾기간	㊾금액 (㊾×㊾×㊾)	

❽ 해당 과세기간의 종합소득금액

㊿ 종합소득금액(분리과세 소득 제외)		☐ 2천만원 초과 ☐ 2천만원 이하

신고인은 「소득세법」 제70조와 「국세기본법」 제45조의3에 따라 위의 내용을 신고하며, **위 내용을 충분히 검토하였고 신고인이 알고 있는 사실 그대로를 정확하게 적었음을 확인합니다.** 위 내용 중 과세표준 또는 납부세액을 신고하여야 할 금액보다 적게 신고하거나 환급세액을 신고하여야 할 금액보다 많이 신고한 경우에는 「국세기본법」 제47조의3에 따른 가산세 부과 등의 대상이 됨을 알고 있습니다.

2021년 5월 30일   신고인   홍길동 (서명 또는 인)

세무대리인은 조세전문자격자로서 위 신고서를 성실하고 공정하게 작성하였음을 확인합니다.

세무대리인   (서명 또는 인)

세무서장 귀하

210mm×297mm(백상지 80g/㎡)

① 성명란부터 ⑥ 휴대전화번호까지는 신고하는 사람의 개인정보를 기재하면 됩니다. 혹시 잘못 신고되었을 경우에 연락받을 수 있도록 주소지와 전화번호를 정확하게 기재합니다.

⑦ 신고유형은 단일 항목이므로 체크만 하면 됩니다. ⑧ 신고구분란에는 2020년 5월 1일~5월 31일까지 신고기간 내의 신고분이므로 정기신고 항목에 표시합니다. 다음으로 환급금 계좌신고 및 세무대리인의 정보를 기재하고 본 서식으로 이동합니다.

⑮ 총수입 금액란에는 주택임대에서 발생한 수입 금액의 합계액을 기재합니다. 수입 금액은 2020년 1월 1일~2020년 12월 31일까지 발생한 월세 수입 금액 및 보증금 등의 간주임대료 금액을 합산하여 기재합니다.

보증금 등의 간주임대료는 거주자가 3주택 이상을 소유하고 해당 주택 보증금 등의 합계액이 3억 원을 초과하는 경우에만 발생하는 것입니다. 그러므로 2020년 발생분에 대해서는 각 주택의 전용면적이 $40m^2$ 이하인 주택으로서 2020년 기준시가가 2억 원 이하인 경우에는 주택 수에 포함하지 않고 계산됩니다.

간주임대료의 계산에 대해서는 익숙하지 않은 개념이므로 국세청 홈페이지에 안내된 사례를 참고하여 설명하겠습니다.

사례 4) **단독명의이며, 2020년 중 보증금 등의 합계 금액이 변동하지 않는 경우**

(본 임대사업에서 발생한 금융수익은 없는 것으로 가정함)

구분	보증금	월세	임대기간	주거전용면적	기준시가
A주택	1억 5,000만 원	60만 원	1월 1일~ 12월 31일	69m²	4억 원
B주택	1억 원	–	1월 1일~ 12월 31일	65m²	2억 5,000만 원
C주택	3억 5,000만 원	50만 원	1월 1일~ 12월 31일	109m²	6억 원

간주임대료를 계산하는 공식은 다음과 같습니다.

(보증금 등-3억 원)의 적수×60%÷365×1.8%

위 공식에 따라 간주임대료를 계산하면 다음과 같습니다.

구분	간주임대료 계산	간주임대료	월세	합계
A주택	(1억 5,000만 원-0)×365×60%÷ 365×1.8%	162만 원	720만 원	882만 원
B주택	(1억 원-0)×365×60%÷365× 1.8%	108만 원	–	108만 원
C주택	(3억 5,000만 원-3억 원)×365× 60%÷365×1.8%	54만 원	600만 원	654만 원
합 계				1,554만 원

3억 원을 차감하는 임대차계약은 보증금 등의 적수가 가장 큰 주택의 보증금부터 순서대로 차감합니다.

사례 5) **부부인 갑과 을이 공동명의이며, 비소형 주택 4채를 단독 및 공동으로 임대하는 경우**

구분	보증금	월세	소유 현황(지분율, 갑 : 을)
A주택	4억 원	60만 원	갑 단독 소유
B주택	5억 원	–	50 : 50
C주택	3,000만 원	70만 원	30 : 70
D주택	1억 7,000만 원	–	10 : 90

이와 같은 상황에서 간주임대료 계산이 어떻게 이루어지는지에 대하여 국세청 예규[3]에 나와 있습니다. 부부 공동명의의 주택 B, C, D에 대해 1거주자로 보아 간주임대료를 계산하는 것이며, 단독명의인 A주택의 경우에는 별도로 계산합니다. 만약 A, B, C, D가 모두 공동명의인 경우에는 1거주자가 각 공동사업장을 운영하는 것으로 봅니다. 이 내용에 따라 간주임대료 및 수입 금액을 계산하면 다음과 같습니다.

구분	간주임대료	월세	소계	갑의 수입 금액	을의 수입 금액
A주택	108만 원ⓐ	720만 원	828만 원	828만 원	–
B주택	216만 원ⓑ	–	216만 원	108만 원	108만 원
C주택	32만 4,000원ⓒ	840만 원	872만 4000원	261만 7,200원	610만 6,800원
D주택	183만 6,000원ⓓ	–	183만 6,000원	18만 3600원	165만 2,400원
합계				1,216만 800원	883만 9,200원

ⓐ (4억 원-3억 원)×365×60%÷365×1.8% = 108만 원

ⓑ (5억 원-3억 원)×365×60%÷365×1.8% = 216만 원

ⓒ (3,000만 원-0)×365×60%÷365×1.8% = 32만 4,000원

ⓓ (1억 7,000만 원-0)×365×60%÷365×1.8% = 183만 6,000원

---

3 서면-2016-법령해석소득-5179 「법령해석과-1606」, 2017년 6월 12일

사례 6) **2019년 중 보증금의 금액이 변동하는 경우**

구분	임대기간	보증금
A주택	1월 1일~5월 28일(148일)	2억 원
	5월 29일~12월 31일(217일)	2억 3,000만 원
B주택	1월 1일~7월 24일(205일)	2억 원
	7월 25일~12월 31일(160일)	2억 7,000만 원
C주택	1월 1일~12월 31일(365일)	1억 3,000만 원

　　과세기간(매년 1월 1일~12월 31일까지의 기간) 중 보증금 등 합계액이 변동하는 경우에는 변동하는 구간별로 보증금 등의 적수가 가장 큰 주택의 보증금부터 순서대로 3억 원을 차감하여 계산합니다.[4]

　　위 예규에 따라 각 기간별 간주임대료를 계산하면 다음과 같습니다.

임대기간	1월 1일~5월 28일	5월 29일~7월 24일	7월 25일~12월 31일	합계
A주택 보증금	2억 원	2억 3,000만 원	2억 3,000만 원	
B주택 보증금	2억 원	2억 원	2억 7,000만 원	
C주택 보증금	1억 3,000만 원	1억 3,000만 원	1억 3,000만 원	
보증금 등 합계	5억 3,000만 원	5억 6,000만 원	6억 3,000만 원	
(보증금-3억 원) 적수	340억 4,000만 원ⓐ	148억 2,000만 원ⓑ	528억 원ⓒ	
간주임대료	100만 7,211원ⓓ	43만 8,509원ⓔ	156만 2,301원ⓕ	300만 8,021원

　　ⓐ (5억 3,000만 원-3억 원)×148일 = 340억 4,000만 원

　　ⓑ (5억 6,000만 원-3억 원)×57일 = 148억 2,000만 원

4　서면-2016-법령해석소득-5179 「법령해석과-1606」, 2017년 6월 12일

ⓒ (6억 3,000만 원-3억 원)×160일 = 528억 원

ⓓ 340억 4,000만 원×60%÷365×1.8% = 100만 7,211원

ⓔ 148억 2,000만 원×60%÷365×1.8% = 43만 8,509원

ⓕ 528억 원×60%÷365×1.8% = 156만 2,301원

각 사례별로 간주임대료를 계산하면 〈서식 2-1〉의 ⑮ 총수입 금액 란을 채울 수 있습니다.

다음으로 필요경비 항목을 알아보도록 하겠습니다. ⑯ 필요경비는 수입 금액의 50%를 인정해주도록 되어 있으므로 위에서 계산된 '월세 수입+간주임대료' 금액에 50%의 금액만큼 기재하면 됩니다. 다만, 「민 간임대주택에 관한 특별법」 제5조에 따라 관할 지자체에 임대사업자 등록을 하고, 「소득세법」 제168조에 따라 세무서에 사업자 등록을 한 임대사업자의 경우에는 60%를 경비로 반영합니다.

2020년 도중에 임대사업자 등록을 한 경우에는 필요경비는 임대사 업자 등록을 한 기간과 등록하지 않은 기간을 구분하여 등록된 기간에 대해서는 60%의 경비율을 반영하고, 등록하지 않은 기간에 대해서는 50%의 경비율을 반영합니다.

다음으로 ⑰ 공제 금액란을 기재합니다. 공제 금액은 2,000만 원 이 하의 주택임대소득을 제외한 종합소득 금액이 2,000만 원 이하인 경 우에는 추가로 200만 원을 공제합니다. 그리고 주택임대소득을 제외

한 종합소득 금액이 2,000만 원 이하이고, 임대주택에 대하여 임대사업자 등록을 했다면 400만 원을 공제합니다.

'수입 금액－필요경비－공제 금액'을 계산한 금액을 과세표준이라고 합니다. 드디어 세금을 계산하기 위한 마지막 단계에 도달했습니다. 이 과세표준 금액에 분리과세 기본 세율인 14%를 적용하여 '과세표준×14%'를 하면 산출세액이 계산됩니다.

계산된 ⑳ 산출세액에 대하여 임대사업자 등록을 한 경우에는 추가로 세액공제를 반영합니다. 세액공제 금액은 계산된 산출세액에 단기 등록(4년)의 경우 30%, 장기 등록(8년)의 경우 75%를 공제합니다. 여기에 '산출세액－세액공제' 금액을 반영한 것이 ㉒ 결정세액 금액이 됩니다. 이 결정세액이 주택임대와 관련해 납부해야 할 금액입니다.

서식에는 가산세액이 있으나 가산세의 경우 신고기간 내에 신고하지 않았거나(무신고 가산세), 소득 금액을 적게 신고하거나(과소신고 가산세), 계산된 세금을 기한 내에 납부하지 않는 경우(납부지연 가산세) 등 규정대로 신고 및 납부하지 않은 경우에 발생하는 것으로 일반적인 경우에는 발생하지 않습니다.

이로써 종합소득세 과세표준 확정 신고 및 납부 계산서를 완료했습니다(70쪽 서식 참고).

㉓ 합계는 결정세액과 가산세를 합산한 금액이며, ㉔ 추가 납부세액은 임대사업자가 임대의무기간 중 매도한 내역이 있는 경우 감면받은 세액과 그 기간 동안의 이자 가산액을 더한 금액을 추가로 납부합니다.

이처럼 임대사업자 등록에 따른 임대의무기간은 세법 감면을 유지하기 위한 최소한의 조건으로 반드시 지켜야 하는 항목입니다.

소득세의 계산은 끝났고, 다음으로 농어촌 특별세액을 계산하도록 하겠습니다. 농어촌특별세는 농어촌지역 개발 사업을 위해 필요한 재원을 확보하기 위하여 만들어진 법령입니다. 「조세특례제한법」상 소득세를 감면받는 경우에 그 감면받은 금액의 20%를 농어촌 특별세로 납부하도록 되어 있습니다.

예를 들어 주택임대로 발생한 소득 금액에 대하여 140만 원의 소득세액이 계산되었고, 단기 주택임대사업자 등록으로 42만 원(140만 원×30%)의 세액공제를 받아 최종 결정세액이 98만 원이 되었습니다. 그렇다면 소득세로 98만 원을 납부하는 것이고, 감면받은 42만 원에 대해 20%의 세율을 적용해 8만 4,000원을 농어촌 특별세로 별도로 납부하는 것입니다.

공제 금액에 대한 추가 납부세액은 등록 임대주택의 경우 60%의 경비율과 추가공제(400만 원)를 고려하여 기신고된 경비 금액에 대해 미등록 임대주택에 따른 50%의 경비율과 추가공제(200만 원)를 고려하여 계산된 경비 금액을 비교하게 됩니다. 미등록 임대주택의 경우에 경비 반영율이 낮기 때문에 그만큼 소득 금액이 높아지게 됩니다. 그리고 해당 금액에 대한 소득세 및 감면받은 과세연도의 종료일 다음 날부터 사유가 발생한 과세연도의 종료일까지 매일 0.025%의 이자 상당액을 가산하여 납부합니다.

일반적인 경우에 의무기간을 지켜 임대한다면 고려하지 않아도 되는 항목이지만, 의무기간 중 매도가 있는 경우에는 고려해야 합니다. 다만, 추가 납부세액을 납부하지 않아도 되는 경우도 정하고 있습니다. 파산이나 강제집행에 따라 임대주택을 처분하거나 임대할 수 없는 경우, 법령상 의무를 이행하기 위해 임대주택을 처분하거나 임대할 수 없는 경우, 「채무자 회생 및 파산에 관한 법률」에 따른 회생 절차에 따라 법원의 허가를 받아 임대주택을 처분한 경우로 제한되어 있습니다.

● 종합소득 합산과세

주택임대에서 발생하는 수입 금액이 2,000만 원 이하인 경우에는 다른 소득과 분리하여 14%의 세율로 과세할 수 있지만, 수입 금액이 2,000만 원을 초과하는 경우에는 다른 소득(급여소득 또는 다른 사업소득)과 합산하여 종합 과세합니다. 급여소득 금액이 6,000만 원(근로소득 공제 및 각종 소득 공제 후)으로 계산되고, 월세 수입 등이 2,500만 원 발생하는 경우 종합소득세액 계산법에 대해 살펴보도록 하겠습니다.

장부 작성

종합소득에 합산 과세되어 신고하는 경우에는 주택임대 등에서 발생한 수입 금액에 대하여 필요경비를 반영하여 소득 금액을 산출해야 합니다. 이때 수입 금액에 따라 장부 작성이 필요하기도 합니다. 해당 내역은 다음과 같습니다.

「소득세법」에 따라 사업을 영위하는 사업자는 소득 금액을 계산할 수 있도록 증빙서류 등을 갖춰놓고 그 사업에 관한 모든 거래 사실이 객관적으로 파악될 수 있도록 복식부기에 따라 장부에 기록 관리(「소득세법」 제160조제1항)해야 합니다. 다만, 대통령령으로 정하는 업종별 일정 규모 미만의 사업자는 '간편장부 대상자'가 될 수 있으며, 주택임대사업자의 경우에는 그 기준 금액을 7,500만 원으로 하고 있습니다(「소득세법 시행령」 제208조제5항). 즉 매년 1월 1일~12월 31일까지 주택임대사업에서 발생한 수입 금액 기준으로 7,500만 원 이상인 경우에는 복식부기로 장부를 작성해야 하며, 7,500만 원 미만인 경우에는 간편장부로 작성해도 됩니다. 주택임대 수입 금액의 매출 금액 기준으로 주요 세금 신고와 관련한 주요 기준 금액은 다음과 같습니다.

수입 금액 기준	2,400만 원 이하	4,800만 원 이하	7,500만 원 이하	7,500만 원 초과
장부기장	간편장부	간편장부	간편장부	복식장부
추계신고	단순경비율	기준경비율	기준경비율	기준경비율
장부미작성 시 가산세	N/A	N/A	무기장 가산세	무기장 가산세
기장세액공제	기장세액공제 (20%)	기장세액공제 (20%)	기장세액공제 (20%)	N/A

다만, 최초 신고의 경우에는 납세의 편의를 위해 다음과 같이 간단하게 분류할 수 있습니다.

수입 금액 기준	7,500만 원 이하	7,500만 원 초과
장부기장	간편장부	
추계신고	단순경비율	기준경비율
장부미작성 시 가산세	N / A	
기장세액공제	기장세액공제(20%)	

추계신고

간편장부라고 해도 작성이 번거로운 경우에는 경비율에 따라 추계신고를 할 수도 있습니다. 이때에도 수입 금액 대비 기준경비율에 따라 신고할 수도 있고, 단순경비율에 따라 신고할 수도 있습니다. 주택임대사업자로서 단순경비율에 따라 신고할 수 있는 사업자는 2020년에 최초로 사업을 개시한 경우 또는 직전연도의 수입 금액이 2,400만 원에 미달하는 경우입니다. 즉 수입 금액이 2,400만 원을 초과하고 7,500만 원에 미달하는 경우에는 기준경비율에 의해서만 추계신고를 할 수 있습니다.

추계신고에 따른 소득 금액은 다음과 같이 계산됩니다.

기준 경비율에 따른 추계신고 소득 금액 Min(①, ②)

① 수입 금액-주요경비-수입 금액×기준경비율

② (수입 금액-수입 금액×단순경비율)×배수*

*배수: 간편장부 대상자는 2.8배, 복식부기 의무자는 3.4배

단순 경비율에 따른 추계신고 소득 금액 = 수입 금액-수입 금액×단순경비율

이때 주요경비에 포함되는 항목으로는 첫째, 매입비용과 임차료로 증빙서류로 입증 가능한 금액이 포함됩니다. 다만 부동산 임대업의 경우 사업용 유형자산의 매입 금액은 매입비용에 포함하지 않습니다. 즉 아파트를 매수하여 주택을 임대하는 경우 아파트를 매입한 금액은 임대하고 있는 기간 중에는 비용에 반영되지 않습니다.

둘째, 종업원의 급여와 임금 및 퇴직급여로 증빙서류에 의해 지급하였거나 지급할 금액을 주요경비에 반영 가능합니다. 그러나 일반적으로 부동산 임대업의 경우 본인이 직접 수행하고 별도의 종업원을 고용하고 있지 않으므로 해당 경비도 거의 발생하지 않게 됩니다. 즉 부동산 임대업의 경우 기준경비율로 계산할 때에는 주요경비에 반영할 항목이 없다고 볼 수 있습니다.

국세청에서는 2020년 발생 소득분에 대한 신고를 위하여 2020년 기준 귀속 경비율을 고시하였습니다(국세청 고시 제2021-4호). 주택임대소득과 관련한 주요 경비율은 다음과 같습니다.

업종코드	업종명	단순경비율	기준경비율
701101	부동산/고가 주택임대	37.4	15.2
701102	부동산/일반 주택임대	42.6	13.1
701103	부동산/장기 임대 공동, 단독	61.6	17.9
701104	부동산/장기 임대 다가구주택	59.2	19.0

업종코드 701101은 「소득세법」 제12조에 따른 기준시가가 9억 원을 초과하는 주택을 임대하는 경우에 적용되는 경비율입니다. 해당 주택의 임대소득으로 수입 금액이 2,000만 원을 초과한 2,200만 원이 발생하였고, 장부기장을 하지 않는다면 단순경비율 37.4%를 반영하여 2,200만 원×37.4%=822만 8,000원을 필요경비로 반영하게 됩니다. 따라서 소득 금액은 다음과 같습니다.

2,200만 원-822만 8,000원=1,377만 2,000원

이 금액이 다른 소득과 합산되어 종합소득 금액으로 계산됩니다.

업종코드 701102는 701101에 해당하지 않는 아파트, 공동주택, 다가구주택, 단독주택 등 1개월을 초과하는 기간으로 임대기간을 약정하는 산업 활동에 사용하며, 대부분의 주택임대업은 여기에 해당한다고 볼 수 있습니다.

701103과 701104는 국민주택 규모 5호 이상을 5년 이상 임대한 경우에 적용되는 코드로 103과 104의 구분은 그 대상이 공동주택 또는 단독주택(103)인지, 다가구주택(104)인지로 구분되는 것입니다. 이때 구청에 단기로 등록했는지 장기로 등록했는지의 여부는 관계가 없습니다.

소득 금액의 계산

예시의 수입 금액이 2,500만 원 발생한 경우 주택임대와 관련한 소득 금액은 기준경비율에 따라 다음과 같이 계산됩니다(업종코드 701102 기준).

Min(①, ②)

① 수입 금액-주요경비-수입 금액×기준경비율=2,500만 원-2,500만 원×13.1%=2,172만 5,000원

② (수입 금액-수입 금액×단순경비율)×배수 =(2,500만 원-2,500만 원×42.6%)×2.8= 4,018만 원

따라서 주택임대소득의 소득 금액은 2,172만 5,000원이 되고, 기

존 근로소득 금액 6,000만 원(각종 공제 차감 후)과 합산해서 8,172만 5,000원이 종합소득 금액으로 산출됩니다. 연말정산과 종합소득신고를 할 때 세금의 변화를 살펴보면 다음과 같습니다.

	연말정산 급여소득	종합소득	차액
소득 금액	6,000만 원	8,172만 5,000원	2,172만 5,000원
세율	24%	24%	–
누진공제	522만 원	522만 원	–
산출세액	918만 원	1,439만 4,000원	521만 4,000원

종합소득세율(기본 세율): 누진공제 방식

과세표준	세율	누진공제
1,200만 원 이하	6%	–
4,600만 원 이하	15%	108만 원
8,800만 원 이하	24%	522만 원
1억 5,000만 원 이하	35%	1,490만 원
3억 원 이하	38%	1,940만 원
5억 원 이하	40%	2,540만 원
10억 원 이하	42%	3,540만 원
10억 원 초과	45%	6,540만 원

종합소득세율(기본 세율): 실제 법률상 내역

과세표준	세율
1,200만 원 이하	과세표준의 6%
4,600만 원 이하	72만 원 + 1,200만 원을 초과하는 금액의 15%
8,800만 원 이하	582만 원 + 4,600만 원을 초과하는 금액의 24%
1억 5000만원 이하	1,590만 원 + 8,800만 원을 초과하는 금액의 35%
3억 원 이하	3,760만 원 + 1억 5,000만 원을 초과하는 금액의 38%
5억 원 이하	9,460만 원 + 3억 원을 초과하는 금액의 40%
10억 원 이하	1억 7,460만 원 + 5억 원을 초과하는 금액의 42%
10억 원 초과	3억 8,460만 원 + 10억 원을 초과하는 금액의 45%

소득 금액(과세표준) 6,000만 원에 대한 종합소득세는 두 가지의 방법으로 계산할 수 있습니다.

1) 누진공제를 통하여 계산하는 방법=6,000만 원×24%-522만 원
   =918만 원

2) 각 구간별로 세율을 계산하는 방법=(1,200만 원×6%)+[(4,600만 원-1,200만 원)×15%] + [(6,000만 원-4,600만 원)×24%]=918만 원

살펴본 대로 두 가지 방법에 계산의 차이는 없습니다. 실무에서는 누진공제를 더 많이 사용합니다.

계산의 편의를 위해 산출세액을 계산한 후 공제되는 세액공제 항목을 고려하지 않았습니다. 주택임대소득만 살펴보면 2,127만 5,000원의 추가 소득이 발생하여 521만 4,000원의 세금이 추가로 발생하게 되었습니다. 수입 금액이 2,000만 원 이하가 되어 분리과세 소득이 된다면, '1,250만 원(경비율 50% 반영 후 금액)×14%'의 세율이 적용되어 약 175만 원의 세금이 산출됩니다. 세금 차이는 약 346만 원 정도 발생하게 됩니다. 이런 결과를 놓고 분리과세를 위해 월세 소득을 줄여야 하는지에 대한 고민을 하는 분들도 있을 것입니다. 하지만 월세 수입이 줄어드는 효과(2,500만 원 ⇨ 2,000만 원)도 함께 고려해야 하기 때문에 신중한 접근이 필요합니다. 또한 실제 경비율이 13.1% 이상 발생한다면, 간편장부를 작성하는 것이 세금 측면에서는 유리합니다.

● 건강보험료 인상 문제

주택임대사업에서 발생하는 세금과 관련해서 혜택을 받기 위해 우리는 관할 지자체에 「민간임대주택에 관한 특별법」에 따라 임대사업자 등록을 하고 관할 세무서에 「소득세법」에 따라 사업자 등록을 했습니다. 앞서 계산한 대로 세액공제의 혜택도 받았습니다. 다만, 이는 세금적인 관점에서 설명한 것으로 개인 사업자의 경우에는 건강보험료 인상 문제도 고려해야 합니다.

직장 가입자와 지역 가입자

국민건강보험법에 따라 건강보험에 가입하는 사람은 직장 가입자 또는 지역 가입자로 구분됩니다. 급여를 받는 사람은 직장 가입자이고, 직장 가입자와 직장 가입자의 피부양자를 제외한 사람은 지역 가입자로 구분합니다.

다만, 2019년부터 주택임대소득에 대해서도 과세로 변경됨에 따라 사업자 등록을 해야 하고, 이때에는 지역 가입자로 변경될 수 있음을 인지하고 있어야 합니다. 「국민건강보험법 시행령」 '별표 1의 2: 피부양자 자격의 인정 기준 중 소득 및 재산 요건'을 살펴보면 피부양자의 요건을 다음과 같이 규정하고 있습니다.

1. 직장 가입자의 피부양자가 되려는 자는 다음 각 목에서 정하는 소득 요건을 모두 충족하여야 한다.
   가. 영 제41조제1항 각호에 따른 소득의 합계액이 3,400만 원 이하인 경우

나. 영 제41조제1항제3호의 사업소득(이하 이 표에서 "사업소득"이라 한다)이 없을 것. 다만, 피부양자가 되려는 사람이 다음의 어느 하나에 해당하는 경우 해당되는 사업소득 요건을 충족하면 사업소득이 없는 것으로 본다.

a. 사업자 등록이 되어 있지 않은 경우 : 사업소득의 합계액이 연간 500만 원 이하일 것

b. 이하 생략

국민건강보험법 시행령 제41조 - 소득월액

① 법 제71조제1항에 따른 소득월액(이하 "소득월액"이라 한다) 산정에 포함되는 소득은 다음 각 호와 같다. 이 경우 「소득세법」에 따른 비과세소득은 제외한다.

1. 이자소득: 「소득세법」 제16조에 따른 소득

2. 배당소득: 「소득세법」 제17조에 따른 소득

3. 사업소득: 「소득세법」 제19조에 따른 소득

4. 근로소득: 「소득세법」 제20조에 따른 소득

5. 연금소득: 「소득세법」 제20조의3에 따른 소득

6. 기타소득: 「소득세법」 제21조에 따른 소득

즉 주택임대사업자 등록을 하고 '소득' 금액이 발생하는 경우에는 직장 가입자의 부양가족에서 탈락하고 지역 가입자로 전환될 수 있음을 염두에 두어야 합니다.

다음 사례를 통해 이에 대한 내용을 확인할 수 있습니다.

월세 수입으로 매년 1,100만 원의 수입만 있는 김월세 씨는 구청에에 사업자 등록을 할 경우 의무기간을 충족하지 못할 것이 우려되어 세무서에만 사업자 등록을 했습니다. 주변의 안내에 따라 50%의 경비

율을 반영하고 200만 원의 기본공제 금액을 차감하여 350만 원의 소득 금액을 신고하고, 14%의 세율을 적용해 49만 원의 소득세액과 4만 9,000원의 지방소득세를 납부했습니다. 그러나 550만 원의 소득 금액이 발생했기 때문에 건강보험이 지역 가입자로 전환되었습니다.

지역 가입자는 재산과 소득 금액에 점수를 부여하고, 그 점수에 따라 일정 금액(2021년 201.5원×점수)을 곱한 금액을 매월 보험료로 납부하게 됩니다.

이 사례에서 김월세 씨의 지역 가입자 보험료 부과점수를 산정해보겠습니다. 그 규정은 「국민건강보험법 시행령」 '별표 4'에서 확인할 수 있습니다. 먼저 소득 금액이 550만 원 발생했으므로 소득등급별 점수에 따라 281점이 산출됩니다. 재산점수는 KB 중위 매매가격을 기준으로 할 것입니다.

시세 기준 9억 1,812만 원이었으므로 공시가격은 6억 4,268만 4,000원으로 추정되고, 여기에 60%를 곱한 재산세 과세표준 금액은 3억 8,561만 원으로 추정됩니다. 해당 금액에 대응하는 재산 점수는 731점이 됩니다. 자동차가 없다고 해도 김월세 씨의 보험료 점수는 281+731점을 합산하여 1,012점이 됩니다.

2021년에는 부과점수 1점당 201.5원이 계산되므로 매월 보험료는 1,012점×201.5원=20만 3,918원이 됩니다. 여기에 11.52%만큼 장기요양 보험료 2만 3,491원이 추가로 가산됩니다. 1년 합산 금액을 계산하면 다음과 같습니다.

(20만 3,918원+2만 3,491원)×12＝272만 8,908원

물론 정책적 효과로 임대사업자가 장기 임대 등록을 한 경우에는 최대 80%(단기 임대 등록한 경우에는 40%)까지 감면받을 수 있는 것으로 보이지만, 건강보험료 증가 문제도 지속적으로 고민해야 합니다.

📖 주요용어 해설

보유세: 토지·주택 등을 보유한 사람이 내는 세금으로 재산세와 종합부동산세를 총칭하는 말이다. 세무당국이 정하는 보유세 과세표준은 공시가격의 60±20% 수준으로 결정된다. 이는 매년 당해 공시가격에 따라 달라진다.

공시가격: 정부가 조사·산정해 공시하는 가격으로, 토지 지가 산정 등 부동산 가격의 지표가 되는 가격을 말한다.

공정시장가액비율: 세금 부과의 기준이 되는 과세 표준을 정할 때 적용되는 공시가격 비율을 말한다. 주택가격 시세와 지방 재정 여건, 납세자의 담세 등을 고려해 비율을 결정한다. 2008년도까지는 과표 적용 비율을 매년 5%씩 인상하도록 법에서 규정했으나, 2009년부터는 과표 적용 비율을 폐지하고 공정시장가액비율을 도입하기로 했다. 재산세의 부과 기준이 되는 과세 표준을 산정하는 방법으로 부동산 시장 동향을 반영하여 재산 세액을 결정하는 제도이기도 하다.

과세표준: 소득, 재산, 소비 등에 대한 세액을 산정하기 위한 기초로서 그 단위는 금액, 가격, 수량 등으로 표시된다. 과세표준에 세율을 곱하여 세액이 결정된다.

도시계획세: 도시계획법에 따라 도시계획사업에 필요한 비용을 충당하기 위하여 부과하던 조세. 2011년부터 재산세로 통합되어 폐지되었다.

분리과세: 종합 과세에 대응되는 개념으로 과세되는 소득 중 특정소득을 종합 과세에서 분리하여 소득 지급 시마다 특정세율(원천징수세율)을 적용하여 별도로 과세하는 방법이다.

환산보증금: 상가임대차보호법에서 보증금과 월세 환산액을 합한 금액을 말한다.

환산보증금 = 보증금 + (월세×100)

임차인이 임대인에게 지급한 보증금과 매달 지급하는 월세 이외에 실제로 얼마나 자금 부담 능력이 있는지를 추정하는 것이다.

필요경비: 「소득세법」상의 개념으로 소득세의 과세 대상인 소득의 계산상 공제되는 경비(「소득세법」 31조)를 말한다. 예컨대 사업소득의 필요경비는 총수입 금액에 대응하는 매출원가, 기타 총수입 금액을 얻기 위해 직접 소요된 비용 및 판매비·일반관리비 등이다.

추계신고: 한해 동안 벌어들인 각종 소득을 다음해 5월말까지 세무서에 신고해야 하는 납세자 중 장부와 증빙자료가 미비하여 소득 금액을 계산할 수 없는 사업자가 스스로 소득이 어느 정도인가를 신고하는 세무상의 제도를 말한다.

단순경비율: 종합소득세 신고 시 신규 사업자이거나 직전연도 수입 금액이 정부에서 고시하는 기준 금액 이하인 사업자에게 적용되는 경비율을 말한다.

기준경비율: 장부가 없는 사업자라도 일정 규모 이상이면 증빙서류를 제출해야 경비로 인정하고, 나머지 비용은 정부가 정한 기준에 따라 적용하는 소득세 기준율을 말한다.

3장

부동산
양도와 절세

양도소득세

「소득세법」 제88조를 보면 '자산에 대한 등기 또는 등록과 관계없이 매도, 교환 법인에 대한 현물출자 등을 통하여 그 자산을 유상(有償)으로 사실상 이전하는 경우를 법률상으로 양도'로 그 정의를 규정하고 있습니다.

따라서 이 정의에 따라 양도가 발생해야 하고, 그 양도에 따라 '소득'이 발생해야 납부하게 되는 세금을 양도소득세라고 합니다.

● 양도소득세의 계산구조

양도가 발생하면 양도일의 말일로부터 다음다음 달 말일까지 양도소득세를 계산 및 양도소득 과세표준 신고 및 납부계산서를 작성 제출하도록 되어 있습니다(「소득세법」 제105조, 「소득세법 시행령」 제169조 및 제170조, 「소득세법 시행규칙」 제103조). 관련 서식은 「소득세법 시행규칙」 별지 제84호 서식이며 관련 서식은 다음과 같습니다.

■ 소득세법 시행규칙 [별지 제84호서식] 〈개정 2021. 3. 16.〉

※ 2010. 1. 1. 이후 양도분부터는 양도소득세 예정신고를 하지 않으면 가산세가 부과됩니다.　　　　　　　　(4쪽 중 제1쪽)

(　　년 귀속)양도소득과세표준 신고 및 납부계산서

([ ]예정신고, [ ]확정신고, [ ]수정신고, [ ]기한 후 신고)

관리번호	-

① 신 고 인 (양도인)	성 명	홍길동	주민등록번호	85XXXX - 1 XXXXXX	내 · 외 국 인	[V]내국인, [ ]외국인
	전자우편 주 소	hongkd@	전화번호	010-1234 -XXXX	거 주 구 분	[V]거주자, [ ]비거주자
	주 소				거 주 지 국	거주지국코드

② 양 수 인	성 명	주민등록번호	양도자산 소재지	지 분	양도인과의 관계
	홍동길	5XXXXX - XX XXXXX	서울시 서초구 XX	100/100	타인

③ 세 율 구 분	코 드	양도소득세 합 계	국내분 소계	-	-	-	국외분 소계
④ 양 도 소 득 금 액		49,400,000					
⑤ 기신고·결정·경정된 양도 소 득 금 액 합 계							
⑥ 소득감면대상 소득금액							
⑦ 양 도 소 득 기 본 공 제		2,500,000					
⑧ 과 세 표 준 (④+⑤-⑥-⑦)		46,900,000					
⑨ 세 율		24%					
⑩ 산 출 세 액		6,036,000					
⑪ 감 면 세 액							
⑫ 외 국 납 부 세 액 공 제							
⑬ 원 천 징 수 세 액 공 제							
⑭ 전 자 신 고 세 액 공 제							
⑮ 가 산 세	무(과소)신고						
	납 부 지 연						
	기장불성실 등						
	계						
⑯ 기신고·결정·경정세액 조정공제							
⑰ 납 부 할 세 액 (⑩-⑪-⑫-⑬-⑭+⑮-⑯)		6,036,000					
⑱ 분 납 (물 납) 할 세 액							
⑲ 납 부 세 액							
⑳ 환 급 세 액							

농어촌특별세 납부계산서

㉑ 소 득 세 감 면 세 액		
㉒ 세 율		
㉓ 산 출 세 액		
㉔ 수 정 신 고 가 산 세 등		
㉕ 기신고·결정·경정세액		
㉖ 납 부 할 세 액		환급금 계좌신고 (환급세액 5천만원 미만인 경우)
㉗ 분 납 할 세 액		
㉘ 납 부 세 액		㉚ 금 융 기 관 명
㉙ 환 급 세 액		㉛ 계 좌 번 호

신고인은 「소득세법」 제105조(예정신고)·제110조(확정신고), 「국세기본법」 제45조(수정신고)·제45조의3(기한 후 신고), 「농어촌특별세법」 제7조에 따라 신고하며, 위 내용을 충분히 검토하였고 신고인이 알고 있는 사실 그대로를 정확하게 적었음을 확인합니다.

2021년 7월 31일

신고인　　홍길동 (서명 또는 인)

세무대리인은 조세전문자격자로서 위 신고서를 성실하고 공정하게 작성하였음을 확인합니다.

세무대리인　　　　　　(서명 또는 인)

세무서장 귀하

붙임서류	1. 양도소득금액계산명세서(부표 1, 부표 2, 부표 2의2, 부표 2의3 중 해당하는 것) 1부 2. 매매계약서(또는 증여계약서) 1부 3. 필요경비에 관한 증빙서류 1부 4. 감면신청서 및 수용확인서 등 1부 5. 그 밖에 양도소득세 계산에 필요한 서류 1부	접수일 인
담당공무원 확인사항	1. 토지 및 건물등기사항증명서 2. 토지 및 건축물대장 등본	

세무대리인	성명(상호)		사업자등록번호		전화번호	

210mm×297mm[백상지80g/㎡ 또는 중질지80g/㎡]

관리번호	-

※ 관리번호는 적지 마십시오.

양도소득금액 계산명세서

□ 양도자산 및 거래일

		합 계			
① 세 율 구 분 (코 드)			1 (-10)	(-)	(-)
② 소재지국 소 재 지					
③ 자 산 종 류 (코 드)			( )	( )	( )
거래일 (거래원인)	④ 양도일(원인)		2021.5.20 매매( )	( )	( )
	⑤ 취득일(원인)		2018.4.15 매매( )	( )	( )
거래자산 면적(㎡)	⑥ 총면적 (양도지분)	토지	(/)	(/)	(/)
		건물	84.3(/)	(/)	(/)
	⑦ 양도면적	토지			
		건물	84.3		
	⑧ 취득면적	토지			
		건물	84.3		
1세대1주택 비과세대상	⑨ 보 유 기 간		3년 이상 4년 미만	년 이상 년 미만	년 이상 년 미만
	⑩ 거 주 기 간		3년 이상 4년 미만	년 이상 년 미만	년 이상 년 미만

□ 양도소득금액 계산

거래금액	⑪ 양 도 가 액		1,200,000,000		
	⑫ 취 득 가 액		935,200,000		
	취 득 가 액 종 류		실지거래가액		
⑬ 기납부 토지초과이득세					
⑭ 기 타 필 요 경 비			4,800,000		
양도차익	전체 양도차익		260,000,000		
	비과세 양도차익		195,000,000		
	⑮과세대상양도차익		65,000,000		
⑯ 장 기 보 유 특 별 공 제(코드)			(01)	( )	( )
⑰ 장기보유특별공제적용대상거주기간			3년 이상 4년 미만	년 이상 년 미만	년 이상 년 미만
⑱ 양 도 소 득 금 액			49,400,000		
감면소득 금 액	⑲ 세 액 감 면 대 상				
	⑳소득금액감면대상				
㉑ 감면종류 감 면 율					

□ 기준시가 (기준시가 신고 또는 취득가액을 환산취득가액으로 신고하는 경우에만 적습니다)

양 도 시 기 준 시 가	㉒ 건 물				
	㉓ 토 지				
	합 계				
취 득 시 기 준 시 가	㉔ 건 물				
	㉕ 토 지				
	합 계				

210mm×297mm[백상지80g/㎡ 또는 중질지80g/㎡]

취득가액 및 필요경비계산 상세 명세서(1)

구 분			구분코드	거래상대방		지급일	지급금액	증빙종류(코드)
				상호	사업자등록번호			
취득가액	① 타인으로부터 매입한 자산	매 입 가 액	111				900,000,000	
		취 득 세	112				27,000,000	
		등 록 세	113				2,700,000	
		기타부대비용 법무사비용	114	×× 법무사	123-45-67789		1,900,000	
		기타부대비용 취득중개수수료	115	×× 중개사	321-54-77889		3,600,000	
		기타부대비용 기 타	116					
		소 계					935,200,000	
	② 자기가 제조·생산·건설한 자산		120 120					
	③ 가산항목	취 득 시 변 호 사 비용	131					
		쟁 송 비 기 타 비 용	132					
		매 수 자 부 담 양 도 소 득 세	133					
		기 타	134					
		소 계						
	④ 차감항목 감 가 상 각 비		141					
	⑤ 계 (①+③-④ 또는 ②+③-④)						935,200,000	
기타필요경비	자본적지출액 등	⑥ 자본적지출액	용도변경·개량·이용 편의를 위한 지출	260				
			엘리베이터 냉난방설치	260				
			피 난 시 설 등 설 치	260				
			재해등으로 인한 자산의 원상복구	260				
			개 발 부 담 금	261				
			재 건 축 부 담 금					
			자 산 가 치 증 가 등 수 선 비	260				
			기 타	260				
			소 계					
		⑦ 취득후 쟁송비용	변 호 사 비 용	271				
			기 타 소 송, 화 해 비 용	272				
		⑧ 기타비용	수 익 자 부 담 금	281				
			토 지 장 애 철 거 비	280				
			도 로 시 설 비 등	280				
			사 방 사 업 소 요 비 용	280				
			기 타	280				
			소 계					
		⑨ 계 (⑥+⑦+⑧)						
	양도비용 등	⑩ 양도 시 중개수수료등 직접 지출비용		290	×× 중개사	321-54-77889		4,800,000	
		⑪ 국민주택채권 및 토지개발채권 매각차손 등 기타경비		291					
		⑫ 계 (⑩+⑪)							
		⑬ 기타 필요경비 계 (⑨+⑫)							

210mm×297mm[백상지 80g/㎡ 또는 중질지 80g/㎡]

일반과세

조정지역 대상 주택으로서 1세대 1주택 비과세 요건을 만족하고, 9억 원에 매수하여 12억 원에 매도하는 경우, 필요경비는 취득세 및 중개수수료 등으로 4,000만 원(취득세 2,970만 원, 매수 중개수수료 360만 원, 매도 중개수수료 480만 원, 기타 법무사 비용 등 190만 원)입니다.

보유기간이 3년, 그중 거주기간 3년을 충족한 납세자 홍길동의 양도소득 과세표준 신고 및 납부세를 작성하여 보도록 하겠습니다. 먼저 '양도소득금액 계산명세서(「소득세법 시행규칙」 별지 제84호 서식 부표 1)'를 작성합니다. 양도소득계산명세서에서는 대상 물건의 소재지부터 기재하고 취득일과 양도일을 기재합니다(④와 ⑤항목에 기재).

부동산인 경우에 거래대상 물건의 총면적, 취득면적, 양도면적도 기재합니다(⑥, ⑦, ⑧). ⑧번까지 기본 항목들을 기재하고 나면, 드디어 금액을 기재하는 부분이 나옵니다. 양도가액은 매도 금액 12억 원을 기재합니다. 취득금액은 취득 당시 계약금액 9억 원을 기재합니다. 다만 취득일이 오래되어 그 취득금액을 확인할 수 없는 경우에는 매매사례가액, 감정가액 및 환산취득가액을 기재하고 취득가액의 종류란에 기재합니다. 다음으로 기타 필요경비 항목을 기재합니다. 여기에서는 4,000만 원만을 기재하고, 「소득세법 시행규칙」 '별지 제84호 서식 부표 3' 항목으로 기재합니다.

필요경비 세부내역('부표 3'으로 가면) 거래 상대방의 사업자 번호, 지급금액, 증빙 종류를 기재하도록 되어 있습니다. 해당 내역을 구분하여 각각 기재합니다. 다만, 금융거래 증명서류에 의하여 그 지급내역이 확인되는 경우에는 증빙서류(현금영수증, 세금계산서 등)는 받지 않더라도 필요경비에 반영할 수 있습니다.

필요경비의 금액이 집계되면 다시 '부표 1'로 돌아가서 양도차익을 산출합니다. 양도차익은 양도금액 – 취득금액 – 필요경비로 계산되며, 1세대 1주택(일시적 2주택 포함)으로서 9억 원을 초과하는 물건을 매도하는 경우에는 9억 원 이하 비과세 부분과 9억 원 초과 과세 부분을 계산하여 과세 부분에 대해서만 고려합니다. 해당 항목이 과세 대상 양도차익(〈서식 3-1〉 '부표 1'에서 ⑮)이 됩니다.

양도차익=매도가격 12억 원-취득금액 9억 원-필요경비 4,000만 원=2억 6,000만 원

이를 비과세 양도차익과 과세 양도차익을 구분합니다. 과세 대상 양도차익은 다음과 같이 산출됩니다.

양도차익 = 양도차익 × (매도금액 – 9억 원) ÷ 매도금액

= 2억 6,000만 원 × (12억 원 – 9억 원) ÷ 12억 원

= 6,500만 원으로 산출합니다.

즉 2억 6,000만 원의 양도차익 중 1억 9,500만 원은 비과세되는 것이고, 6,500만 원에 대해서만 과세됩니다. 이 6,500만 원을 ⑮ 과세 대상 양도차익에 기재합니다.

1주택자가 매도하는 경우로서 9억 원 초과분이 과세되는 경우에는 그 과세 부분에 대하여 장기보유공제를 해줍니다. 3년 실거주를 하였고, 3년 이상 보유했기 때문에 24%에 해당하는 장기보유공제율이 적용됩니다.

장기보유공제율=6,500만 원×24%=1,560만 원

과세 대상 양도차익에서 장기보유공제를 차감한 금액을 양도소득금액이라고 합니다.

양도소득금액=6,500만 원-1,560만 원=4,940만 원

이제 서식 1페이지(〈서식 3-1〉)로 돌아옵니다. 양도소득금액 4,940만 원에 기본공제 250만 원을 차감하면 드디어 양도소득세 계산의 기준이 되는 과세표준 4,690만 원을 계산할 수 있습니다. 실제 양도차익은 2억 6,000만 원이 발생하였지만, 1주택 비과세와 장기공제 등의 영향으로 과세표준은 4,690만 원으로 줄었습니다.

여기에 1주택자이므로 기본세율을 계산하여 산출한 양도소득세 603만 6,000원(*)을 계산하게 됩니다.

1주택자 기본세율 적용 양도소득세=4,690만 원×24%-522만 원=603만 6,000원(⑩)

추가로 가산세 등이 없으므로 위에서 계산된 금액이 납부할 세액이 됩니다. 계산된 납부할 세액이 1,000만 원을 초과하는 경우에는 「소득세법 시행령」에 따라(예정신고 납부기한의 경과 후 2개월 이내) 분할 납부가 가능합니다. 납부할 세액이 2,000만 원을 초과하는 경우에는 1/2 이하의 금액을 분할 납부할 수 있으며, 납부할 세액이 2,000만 원 미만인 경우에는 1,000만 원을 초과하는 금액에 대하여 분할 납부 가능합니다.

양도일(매도 잔금 수령일과 등기 접수일 중 빠른 날)을 기준으로 하여 2021년 5월 31일까지 적용되는 세율과 2021년 6월 1일 이후 적용되는 세율은 2020년 세법 개정에 따라서 변경되게 되어 있습니다. 하나씩 살펴보도록 하겠습니다.

분양권

주택법 등에 따라 주택을 공급받는 자로 선정된 지위를 이야기합니다. 이때 주택에는 오피스텔은 포함하지 않습니다.

• 양도 당시 조정대상지역의 주택 분양권의 경우: 보유기간과 관계없이 50%의 세율을 적용하였으나, 1년 미만 보유의 경우 70%의 세율, 1년 이상 보유의 경우 60%의 세율을 적용합니다.

• 양도 당시 비조정대상지역의 주택 분양권의 경우: 현행 규정 기준으로는 보유기간 1년 미만의 경우 50%의 세율, 보유기간 1년 이상 2년 미만의 경우 40%의 세율, 보유기간 2년 이상인 경우 기본세율을

적용합니다. 이를 요약하면 다음과 같습니다.

분양권의 양도소득세율

구분	2021년 5월 31일 이전		2021년 6월 1일 이후	
보유기간/지역구분	조정대상지역	비조정대상지역	조정대상지역	비조정대상지역
1년 미만		50%	70%	70%
1년 이상 2년 미만	50%	40%	60%	60%
2년 이상		기본세율	60%	60%

주택 또는 조합원 입주권

• 양도 당시 비조정대상지역의 주택 또는 조합원 입주권인 경우: 보유기간 1년 미만의 경우 40%의 세율을 보유기간 1년 이상인 경우 기본세율을 적용하였으나, 보유기간 1년 미만의 경우 70%의 세율, 보유기간 2년 미만의 경우 60%의 세율을 적용합니다. 취득 당시 비조정대상지역인 경우 보유 2년을 만족하면 2년 이상 보유 시 비과세가 가능합니다.

• 양도 당시 조정대상지역의 주택 또는 조합원 입주권인 경우: 보유기간 1년 미만의 경우 40%의 세율과 중과세율을 적용하여 계산한 금액 중 큰 금액으로 과세, 보유기간 1년 이상인 경우 기본세율에 주택 수에 따른 중과세율을 적용하여 계산합니다. 보유기간이 2년 이상이면서, 취득 시점에 따른 비과세 요건(거주)을 만족하는 경우에는 1주택자에 한하여 비과세가 가능합니다. 2021년 6월 1일 기준으로 세율이 개정되면, 보유기간 1년 미만의 경우 70%의 세율과 중과세율을

적용하여 계산한 금액 중 큰 금액으로 과세하며, 보유기간 1년 이상 2년 미만의 경우 60%의 세율과 중과세율을 적용하여 계산한 금액 중 큰 금액으로 과세합니다. 보유기간 2년 이상이면서 취득 시점에 따른 비과세 요건(거주)을 만족하는 경우에는 비과세가 성립합니다. 비과세 조건은 주택의 경우에 그나마 판단이 쉽지만, 조합원 입주권의 경우에는 별도 고려가 필요합니다. 이 내용을 요약하면 다음과 같습니다.

주택, 조합원 입주권의 양도소득 세율

구분	2021년 5월 31일 이전		2021년 6월 1일 이후	
보유기간/지역구분	조정대상지역	비조정대상지역	조정대상지역	비조정대상지역
1년 미만	40% (중과세율 비교)	40%	70% (중과세율 비교)	70%
1년 이상 2년 미만	중과세율	기본세율	60% (중과세율 비교)	60%
2년 이상	비과세 고려	비과세 고려	비과세 고려	비과세 고려

주택에 대한 중과세율은 2021년 6월 1일을 기준으로 하여 조정대상지역의 2주택자는 현행 +10%에서 +20%의 중과세율이 적용되며, 조정대상지역의 3주택 이상은 현행 +20%의 세율에서 +30%의 중과세율이 적용됩니다.

조합원 입주권을 양도하는 경우에는 중과세율이 적용되지 않으므로, 위 표에서 중과세율 비교된 항목에 해당하는 조합원 입주권의 매도라면, 단기세율(40%(5월 31일 이전) 또는 70%, 60%(6월 1일 이후)의 세율이 적용됩니다.

여기서 2021년 6월 1일 되면 1년 미만 70%의 세율에 +30%의 중과세율이 적용되면, 양도소득세가 100% 되는 것이냐는 질문을 많이 하시는데, +30%의 중과세율은 기본세율에 고려되는 것이므로 위 표에서 70% 또는 60%으로 기재된 항목에 대해서는 적용하지 않습니다.

사례를 통하여 내용을 정리하여 보겠습니다.

조정대상지역의 2주택자가 21년 5월 31일 이전에 주택을 매도하는 경우 양도차익이 2억 원이 발생하였습니다. 이때 보유기간이 1년 미만인 상태로 매도하는 경우라면, 다음 두 경우를 계산하여 비교해야 합니다.

·단일세율(40%): 2억 원×40%=8,000만 원

·중과세율(+10%): 2억 원×(38%+10%)-1,940만 원=7,660만 원

따라서 이 경우 최종 신고는 단일세율을 적용하여 8,000만 원 양도소득세를 신고, 납부하면 됩니다.

조정대상지역의 3주택자가 2021년 6월 1일 이후 주택을 매도하는 경우 양도차익이 6억 원이 발생하였습니다. 이때 보유기간이 1년 이상 2년 미만인 경우라면 60%의 세율과 +30%의 중과세율을 적용하여 계산한 양도소득세 중 큰 금액으로 신고, 납부하게 됩니다.

· 단일세율(60%): 6억 원×60%=3억 6,000만 원

· 중과세율(+30%): 6억 원×(42%+30%)-2,540만 원=4억 660만 원

따라서 이 경우 최종 신고는 중과세율을 적용한 4억 660만 원의 양도소득세를 신고, 납부하게 됩니다.

합산과세

동일 과세기간 중에 여러 건의 양도소득이 발생하는 경우에는 다음 해의 확정신고 기한(매년 5월 1일~5월 31일) 중에 전년도의 양도소득에 대하여 합산과세 신고를 해야 합니다.

사례 1) 2021년 4월 중에 A물건을 일반과세로 매도하여 1억 원의 양도소득 발생한 K씨는 2021년 7월 중에 B물건을 일반과세로 매도하여 1억 원의 양도소득이 또다시 발생하였습니다. 이런 경우 합산과세를 어떻게 계산되는지 살펴보겠습니다.

• A 물건 매도 시

신고 기한: 2021년 6월 말까지 양도소득 1억 원에 대하여 양도소득세를 신고 납부함.

양도소득 과세표준=양도소득 1억 원-기본공제 250만 원=9,750만 원

산출세액=9,750만 원×35%-1,490만 원=1,922만 5,000원

지방소득세=1,922만 5,000원×10%=192만 2,500원

• B 물건 매도 시

신고 기한: 2021년 9월 말까지 양도소득 1억 원에 대하여 양도소득세를 신고 납부함.

양도소득 과세표준=양도소득 1억 원-기본공제 0=1억 원(기본공제는 6월 신고 시에 사용함)

산출세액=1억 원×35%-1,490만 원=2,010만 원

지방소득세=2,010만 원×10%=201만 원

⇨ 2022년 5월 1일부터 5월 31일까지의 기간 동안 두 물건에 대하여 합산과세를 신고 및 납부하여야 함.

2021년 중 양도소득=A물건에 대한 양도소득 1억 원+B물건에 대한 양도소득 1억 원=2억 원

과세표준=양도소득 2억 원-기본공제 250만 원=1억 9,750만 원

산출세액=1억 9,750만 원×38%-1,940만 원=5,565만 원

추가 납부세액=5,565만 원-1,922만 5,000원-2,010만 원=1,632만 5,000원

추가 납부할 지방소득세액=1,632만 5,000원×10%=163만 2,500원

사례 2) 2021년 4월 중에 C물건을 2주택자로서 10% 중과세율로 매도하여 1억 원의 양도소득이 발생하였고, 2020년 8월 중에 D물건을 일반과세로 매도하여

1억 원의 양도소득이 발생한 경우 합산과세를 살펴보도록 하겠습니다(기본공제는 없는 것으로 가정함).

이 경우에는 전체 과세표준의 합계액을 일반세율로 계산한 금액(①)과 각각의 세율을 적용하여 합산한 금액(②) 중 큰 금액이 합산과세 신고하여야 할 금액이 됩니다.

① 과세표준 합계액에 일반세율을 적용=과세표준 2억 원×38%-1,940만 원=5,660만 원

② 각각의 세율을 적용한 경우

a. 중과세율로 매도한 C물건의 양도소득세 산출세액=1억 원×45%-1,490만 원=3,010만 원

b. 일반세율로 매도한 D물건의 양도소득세 산출세액=1억 원×35%-1,490만 원=2,010만 원

①과 ② 중에서 큰 금액이 ①의 5,660만 원이므로 차액 640만 원 (5,660만 원-3,010만 원-2,010만 원)만큼을 추가 납부하게 됩니다(지방소득세 64만 원 별도).

● 1세대 1주택자 양도소득세의 비과세

1주택자 비과세

매도가격이 9억 원 이하의 1세대 1주택자는 양도소득세를 비과세한다고 법률로 규정하고 있습니다. 이에 대해서는 「소득세법 시행령」제154조 제1항에서 정의하고 있으며 그 내용은 다음과 같습니다.

> 보유기간이 2년 이상이거나,
> 조정지역 내의 취득 물건으로 거주기간이 2년 이상
> 즉 매도 대상 물건을 조정지역에서 취득한 경우에는 2년 이상 거주해야 비과세가 가능한 것이며, 매도 대상 물건이 비조정지역인 경우에는 거주하지 않아도 보유기간만 2년을 충족하면 비과세가 가능합니다.

조정지역 물건이지만 거주하지 않아도 되는 예외 조건도 있습니다.

> 조정대상으로 지정 전에 매매계약을 체결했거나,
> 계약 당시 무주택 세대주인 경우
> 이 경우는 계약금을 지급한 사실만 증빙(계약금 전액 지불)할 수 있다면, 잔금일이 조정대상 지정 전이라도 보유기간 2년만 충족한다면 비과세가 가능합니다(거주 여부는 따지지 않음).

조정지역의 실거주 여부와 관련하여 2019년 4분기 중에 조정지역에서 해제된 일부 지역이 있습니다. 양도소득세는 양도일 기준으로 고려하는 것이므로 매도시점에 비조정된 이 지역들에 대해서는 실거주를 만족하지 않았더라도 비과세가 적용되는 것으로 오해할 수 있습니다.

그러나 조정지역의 실거주 여부를 규정하는 「소득세법 시행령」 제154조의1항을 보면 취득 당시 조정지역인 경우에는 실거주해야 하는 것으로 규정되어 있습니다. 따라서 매도시점에 비조정지역이라고 하더라도 취득 시점에 조정지역이었다면, 실거주를 해야 비과세가 가능합니다.

예를 들어 설명해보겠습니다. 조정지역인 광명시에 주택을 구매한 A씨가 있습니다. 1세대 1주택자였던 A씨는 2018년에 3월에 고향에 계신 부모님을 모시기 위해 7년간 저축하며 모은 돈 2억 원과 담보대출로 받은 2억 원으로 85m^2의 아파트를 4억 원에 마련했습니다. 돈을 더 모으기로 한 A씨는 구매한 주택에는 부모님을 모셨고, 원래 집은 팔고 전세를 살면서 악착같이 돈을 모았습니다. 주택 구매 후 2년 뒤 2020년 4월에 이 집을 팔고 자녀의 통학이 용이하고 더 넓은 집으로 이사해서 부모님과 함께 살기로 했습니다. 이 경우 A씨는 양도소득세를 내야 할까요? 아니면 비과세 대상자일까요?

A씨의 경우 확인해봐야 할 것이 있습니다. 바로 매매계약 체결 시기입니다. 해당 주택을 구매한 시기가 조정대상 전이었는지, 지정 이후였는지를 파악해야 합니다. A씨는 계약 당시 1세대 1주택자였고, 취득한 물건이 9억 원 이하였기 때문에 비과세 대상이 될 수 있었습니다. 하지만 취득한 주택이 조정대상지역에 위치해 있고, 해당 주택에서 2년간 본인이 거주하지 않고 부모님을 거주하도록 했습니다.

정리하면, 1세대 1주택자이며 9억 원 이하의 주택을 취득했습니다.

그러나 해당 주택이 조정대상지역으로 지정된 이후에 매매계약을 체결했고, 본인이 실제 거주를 하지 않은 상황입니다. 그래서 결과적으로 불행히도 양도소득세를 납부해야 합니다.

A씨는 조정대상지역 내의 주택을 구입하기 전에 이러한 상황을 고려하여 다음과 같은 고민을 했어야 합니다. 해당 주택의 지역이 아직 조정대상으로 지정되지 않았을 때 빨리 계약금을 완납해놓았거나, 그 이전에 자신의 집을 매매가 아닌 전세로 유지하면서 무주택자 지위를 유지하는 방법입니다. 무주택자는 거주 여부를 따지지 않으니까요.

현재 상황에서 A씨는 보유 중인 광명시의 주택을 6억 원에 매도하여 더 넓은 곳으로 이사할 경우 양도소득세는 5,660만 원(지방소득세 566만 원 별도)입니다. A씨가 부모님을 모시기 위해 계획을 세우고, 집을 알아보고, 돈을 모았던 3년의 기간 동안 모은 돈은 2억 원입니다. 하지만 이제 A씨는 비과세 대상이 아니기 때문에 피땀 흘려 모은 돈 중 6,226만 원을 지불해야 하고, 그만큼을 더 벌기 위해 다시 시간을 투자하여 열심히 재테크해야 합니다.

부동산 절세로 두 배를 번다는 것은 이렇게 허투루 지출되는 돈을 없애서 내 시간과 자본을 보다 가치 있는 대상에 투자할 수 있는 기회와 여유를 가진다는 것입니다.

다른 경우를 살펴보겠습니다. 전세를 살고 있는 B씨는 1년 뒤 아이가 초등학교에 입학하게 되면서 주택을 알아보고 있습니다. 여러 지역을 탐색했지만 마땅한 곳이 없어서 고민 중이었습니다. 재테크 공부를 하던 참이라 허투루 집을 사서는 안 된다고 생각해 계속해서 탐색하면서 열심히 돈을 모았습니다. 그러던 중 마음에 드는 주택이 나타났는데 집값이 상승 중이어서 투기과열지구로 지정될 수 있다는 소식을 접하게 되었습니다.

B씨는 서둘러 계약금을 치렀고, 얼마 되지 않아 해당지역은 조정대상지역이 되었습니다. 하지만 B씨는 계약금을 완납한 사실을 증빙할 수 있었기 때문에 안심할 수 있었습니다. 그리고 2년 뒤에는 양도소득세를 감면받은 돈과 자신이 모은 돈을 합해서 조정대상에서 제외된 다른 지역의 주택에도 투자를 고민할 수 있게 되었습니다.

두 사람의 차이는 간단합니다. A씨는 주택을 마련하기 위해 계획하고 준비하고 실행하는 데 열심이었지만 세금에 대한 부분은 고민하지 않았습니다. B씨는 주택마련 계획을 준비하되, 세금에 대한 부분을 고민하면서 실행 방법과 시기를 고민했습니다. 부동산 투자는 목돈이 들어가고, 보유와 거주 여부를 따지는 경우가 많고, 절세 전략에 따라 돈을 절약하는 경우와 잃는 경우의 차이가 큽니다. 버는 것보다 잃지 않는 법을 먼저 배워야 더 크게 벌게 되는 것이 부동산 투자입니다.

세법상에서 1주택은 실수요라고 판단하여 1세대 1주택자가 매도하는 주택의 경우에는 양도소득세를 비과세해주고 있습니다. 다만, 매도가격이 9억 원을 초과하는 주택은 고가주택이라고 판단하여 9억 원 이상의 물건을 매도하는 경우에는 전체 매도금액 중 9억 원까지만 비과세를 해주고 9억 원을 초과한 부분에 대해서는 과세를 합니다. 또한 1주택을 양도하기 전에 다른 주택을 대체 취득하거나 상속, 동거보양, 혼인 등 일시적으로 2주택을 보유하게 되는 경우에도 1주택자와 동일하게 9억 원 이하만 비과세가 가능합니다. 즉 일시적 2주택의 요건만 잘 따지고 적용해도 양도소득세의 큰 부담은 없는 것입니다.

고가주택의 과세

1세대 1주택자가 9억 원 이상의 주택을 취득하는 경우에 매도가격이 9억 원을 초과하는 부분은 다음과 같이 계산합니다.

$$\text{과세 대상 양도차익} = \text{양도차익} \times \frac{\text{양도가액} - 9\text{억 원}}{\text{양도가액)}}$$

즉 전체 양도차익에서 취득가 9억 원 이상의 초과 부분이 차지하는 비율만큼을 과세 대상으로 하는 것입니다.

예를 들어 1주택자가 주택을 6억 원에 매수하여 12억 원에 매도하는 경우, 필요경비가 없다고 가정하는 경우에 6억 원의 양도차익이 발생합니다. 하지만 전체 양도차익 중 9억 원을 초과하는 비율 부분만 과세되므로 실제 과세표준은 '6억 원×(12억 원-9억 원)÷12억 원'으로 1억 5,000만 원만 과세 대상이 되는 것입니다. 또한 이렇게 계산된 1억 5,000만 원 전체가 과세표준이 되는 것이 아니라 여기에 보유기간 및 거주에 따른 장기보유공제를 차감해야 과세표준을 정하게 됩니다.

1주택자 장기보유특별공제에 대하여 좀 더 살펴보겠습니다. 앞서 살펴본 대로 양도소득세의 과세표준은 양도차익에서 장기보유특별공제를 차감하고, 기본공제도 차감하여 계산합니다. 이 과세표준에 세율을 곱한 금액이 양도소득세 산출세액이 되는 것입니다. 2020년 1월 1일부터 장기보유특별공제에도 개정이 있었는데, 보유기간 중 거주 2년을 충족해야 최대 80%의 장기보유공제가 가능해졌습니다. 이 거주기간은 연속적일 필요는 없으며, 보유기간 중 2년만 충족하면 됩니다. 또한 조정지역 여부와 관계없이 매도 시점 기준을 고려하는 것이므로 조정지역 거주요건이 추가된 2017년 8월 2일 이전에 매수한 물건이라도 2020년 1월 1일 이후 매도한다면 장기보유공제를 적용함에 있어 실거주를 고려해야 합니다.

	3년 이상	4년 이상	9년 이상	10년 이상
1주택자(거주)	24%	32%	72%	80%
다주택자 또는 비거주자	6%	8%	18%	20% (최대 30%)

구체적인 사례를 통하여 설명하도록 하겠습니다.

사례 1) 보유기간 중 실거주를 한 경우

A씨는 2015년 6월 9억 5,000만 원에 주택을 매수했습니다. 그리고 5년 8개월 동안 보유하는 동안 실거주를 했고, 2021년 2월에 19억 원에 매도해 9억 5,000만 원의 매도 차익이 발생했습니다. 이때 양도소득세를 계산해보면 다음과 같습니다.

1세대 1주택

보유기간 중 실거주

2015년 6월
매수 9억 5,000만 원

2021년 2월
매도 19억 원

1) 양도차익 계산: 19억 원−9억 5,000만 원=9억 5,000만 원
2) 1세대 1주택이므로 9억 원 초과 양도차익을 재계산합니다.
   9억 5,000만 원×(19억 원−9억 원)÷19억 원=5억 원
3) 과세 대상 양도차익: 5억 원
4) 장기보유 공제: 2억 원(5년×8%=40%로 적용했으며, 5억 원×40%=2억 원)
5) 과세표준: 3억 원(기타 필요경비, 기본공제 제외)
6) 양도소득세=9,460만 원 (3억 원×38%−1,940만 원)

사례 2) 보유기간 중 실거주를 하지 못한 경우

A씨는 2015년 6월 9억 5,000만 원에 주택을 매수했습니다. 그리고 5년 8개월 동안 보유하는 동안 실거주를 하지 않았고, 2021년 2월에 19억 원에 매도하여 9억 5,000만 원의 매도 차익이 발생했습니다. 이때 양도소득세를 계산해보면 다음과 같습니다.

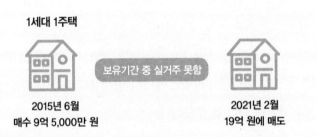

1세대 1주택

보유기간 중 실거주 못함

2015년 6월
매수 9억 5,000만 원

2021년 2월
19억 원에 매도

1) 양도차익의 계산: 19억 원−9억 5,000만 원=9억 5,000만 원
2) 1세대 1주택이므로 9억 원 초과 양도차익을 재계산합니다.
   9억 5,000만 원×(19억 원−9억)÷19억 원=5억 원
3) 과세 대상 양도차익: 5억 원
4) 장기보유 공제: 5,000만 원(5년×2%=10%를 적용하였으며, 5억 원×10%=5,000만 원)
5) 과세표준: 4억 5,000만 원(기타 필요경비, 기본공제 제외)
6) 양도소득세: 1억 5,460만 원(4억 5,000만 원×40%−2,540만 원)

　　사례 1)과 사례 2)의 차이는 실거주 여부입니다. 사례 1)의 A씨와 사례 2)의 B씨 경우 실거주에 따라서 양도소득세가 6,000만 원 정도 차이가 발생합니다. 순간의 선택이 돈을 모이게도 하고, 세금으로 빠져나가게도 하는 것입니다. 장기보유공제를 5년 적용했기 때문에 약 6,000만 원 정도의 차이가 발생했으나 보유기간이 늘어나면 그 차이는 더 커지게 됩니다. 다음 사례의 계산을 보겠습니다.
　　보유기간이 늘어남에 따라 거주에 따른 양도소득세 차이가 늘어나는 것을 확인할 수 있습니다.

> 여기서 Point) 거주에 따라 장기보유특별공제 금액 차이가 발생하므로 9억 원 이하도 거주해야 하는지에 대해 질문을 많이 합니다. 1세대 1주택자 비과세의 경우에는 양도차익이 얼마가 발생하든 매도가격이 9억 원 이하이면 전액 비과세이므로 거주 요건을 따지지 않습니다. 즉 비과세에 대해서는 장기보유특별공제를 고려하지 않아도 됩니다.

장기보유특별공제의 개정
2019년 12월 16일 주택시장 안정화 방안에 따라 2021년 1월 1일 이후

매도분에 대해서 장기보유특별공제가 개정되었습니다. 종전에는 보유기간 중 거주 2년만 하면, 8%/연 기준의 장기보유공제율이 적용 가능하였습니다. 그러나 개정으로 인하여 보유기간에 따른 장기공제율과 거주기간에 따른 장기공제율을 분리하였습니다. 개정안에 따라 보유기간 10년인 주택의 경우 10년을 거주해야 '40%+40%'의 공제율을 적용 가능하게 된 것입니다. 이에 따른 공제율은 다음과 같습니다.

	3년 이상	4년 이상	5년 이상	6년 이상	7년 이상	8년 이상	9년 이상	10년 이상
미거주	6%	8%	10%	12%	14%	16%	18%	20%
장기보유공제	12%	16%	20%	24%	28%	32%	36%	40%
장기거주공제	12%	16%	20%	24%	28%	32%	36%	40%

구체적으로 사례를 들어 계산하면 다음과 같습니다.

사례 3) 1주택자, 10년 보유, 20억 원에 매도, 양도차익이 10억 원

보유기간 및 거주기간에 따른 예상 양도소득세의 변경은 다음과 같습니다. 거주하지 않은 경우, 2년을 거주한 경우 5년을 거주한 경우, 7년을 거주한 경우에 따라 각 경우의 예상 양도소득세를 계산하면 다음과 같습니다.

　5년 거주한 경우에 대해 구체적으로 살펴보겠습니다. 기타 필요경비가 없는 경우 양도차익은 20억 원에서 취득가격 10억 원을 차감한 10억 원이 됩니다. 1주택 상태에서 매도했으므로 9억 원 초과분에 대하여 환산합니다.

	미거주	거주 2년	거주 5년	거주 7년
양도금액	20억 원	20억 원	20억 원	20억 원
취득금액	10억 원	10억 원	10억 원	10억 원
양도차익	10억 원	10억 원	10억 원	10억 원
9억 원 초과	5억 5,000만 원	5억 5,000만 원	5억 5,000만 원	5억 5,000만 원
장기보유공제(종전)	4억 4,000만 원	4억 4,000만 원	4억 4,000만 원	4억 4,000만 원
장기보유공제(현행)	1억 1,000만 원	2억 6,400만 원	3억 3,000만 원	3억 7,400만 원
공제율	20%	40%+8%	40%+20%	40%+28%
양도소득세(종전)	2,273만 원	2,273만 원	2,273만 원	2,273만 원
양도소득세(현행)	1억 4,960만 원	8,833만 원	6,325만 원	4,653만 원

출처: 191216 주택시장안정화 방안(Q&A 자료집)

9억 원 초과분 양도차익=10억 원×(20억 원-9억 원)÷20억 원
=5억 5,000만 원

다음으로 장기보유공제를 계산합니다.

보유기간에 따른 공제 40%+거주기간에 따른 공제 20%를 고려하여
60% 공제

5억 5,000만 원×60%=3억 3,000만 원

이에 대한 양도소득세를 계산해보면 다음과 같습니다.

・양도소득세: (2억 2,000만 원-250만 원(기본공제))×38%-1,940만 원

　=6,325만 원

● 일시적 2주택

일시적 2주택의 요건

양도소득세에 대해 잘 모르는 분들도 1년에 주택을 2개 이상 사면 안 된다는 내용 등은 얼핏 들어서 아실 겁니다. 그에 반해 그 중요성을 잘 모르거나 많이 헷갈려하는 사항이 '일시적 2주택'과 관련된 과세 내용입니다. 사실 1주택의 비과세와 일시적 2주택의 비과세 내용만 완벽하게 알고 있어도 대부분의 양도소득세와 관련한 절세는 가능합니다. 세금신고와 관련해서 가장 많은 질문을 받는 사항이기도 합니다.

현행 법률 기준으로 '일시적 2주택'의 요건을 만족하려면 크게 세 가지 요건을 만족해야 합니다.

　가. 종전의 주택을 취득한 날부터 1년 이상이 지난 후 신규 주택을 취득하는 경우

　나. 종전의 주택을 보유기간 2년(취득 당시에 조정대상지역인 경우에는 거주 2년의 요건 추가)을 만족하고 종전의 주택을 '먼저' 매도하는 경우

　다. 신규 주택을 취득한 날부터 일정 기간 이내에 종전의 주택을 양도하는 경우

가, 나, 다 세 가지 조건을 모두 만족해야 일시적 2주택의 비과세가 가능합니다. 하나씩 살펴보도록 하겠습니다.

가. 종전의 주택을 취득하고 1년 이상이 지난 후 신규 주택을 취득하는 경우

앞의 상담 사례에서 살펴본 것처럼, 관련 내용을 살필 때는 기억하고 있다가 정작 집을 구매하게 될 때에는 이 내용을 잊고 종전 주택 취득 후 1년 이내에 신규 주택을 취득하는 경우가 종종 있습니다. 나중에 세금 관련 내용을 정리할 때가 되어서야 "아, 맞다! 양도세! 어떻게 하지"라고 깨닫는 경우를 보면 안타까움을 금할 길이 없습니다. 종전 주택 취득 후 1년의 기간이 지난 후에 신규 주택을 취득해야 된다는 점을 꼭 기억하십시오. 어렵지는 않지만 의식하지 않고 있으면 놓치기 쉽습니다.

나. 종전의 주택의 보유기간(추가 거주기간)을 만족하고 종전의 주택을 먼저 매도하는 경우

일시적 2주택의 전제 조건이 1주택을 매도하기 전에 두 번째 주택을 취득함으로써 불가피하게 2주택이 된 경우를 말합니다. 이 경우에 세금을 과세받지 않으려면, 반드시 먼저 종전 주택을 매도해야 합니다. 신규 취득한 주택을 매도하게 되면 2주택자로 분류되어 과세가 된다는 것을 잊지 마시길 바랍니다.

다. 신규 주택을 취득한 날부터 일정기간 이내에 종전의 주택을 양도하는 경우

본 항목에 대해서는 다음과 같이 요약할 수 있습니다.

구분	종전 주택	신규 주택	중복 보유 허용기간
1	비조정지역	비조정지역	3년
2	비조정지역	조정지역	3년
3	조정지역	비조정지역	3년
4	조정지역	조정지역(2018년 9월 13일 이전 취득)	3년
5	조정지역	조정지역(2018년 9월 13일 이전 계약금 지급)	3년
6	조정지역	조정지역(2018년 9월 13일~2019년 12월 16일까지 계약금 지급	2년
7	조정지역	조정지역(2019년 12월 17일 이후 계약금)	1년+전입

2018년 9월 13일과 2019년 12월 16일의 정책으로 인하여 7가지의 경우로 나누어지게 됩니다. 먼저 비조정대상지역의 주택은 3년 이내에 종전의 주택을 매도해도 일시적 2주택으로 비과세가 가능합니다. 위 표에서 구분 1, 구분 2, 구분 3에 해당합니다. 혼란스러운 것은 조정대상지역의 주택을 보유하고 있는 중에 조정대상지역의 주택을 추가로 취득하는 경우인 구분 4부터 구분7까지입니다.

구분 4: 조정대상지역에서 주택을 보유하는 중 조정대상지역의 주택을 2018년 9월 13일 이전에 추가로 취득하는 경우입니다. 대책이 발표된 날이므로 이전에 취득이 완료되었다면 소급 적용을 하지 않고 종전 규정을 적용합니다. 이때 취득이라 함은 매수잔금이 모두 지급되었거나, 등기접수가 완료된 날을 의미합니다.

구분 5: 조정대상지역에서 주택을 보유하는 중 조정대상지역의 주택을 추가 취득했지만, 계약은 2018년 9월 13일 이전, 취득일은 2018년 9월 13일 이후인 경우입니다. 주택의 매매 과정을 보면 계약금을 지급하고 일반적으로 1~2개월에서 길게는 3개월 이상 잔금일이 늦춰지기도 합니다. 따라서 기존 규정에 따라 '3년 이내'에 종전의 주택을 매도한다면, '일시적 2주택' 요건을 적용하여 비과세가 가능합니다. 이때 계약금의 지급이라 함은 실제 계약서가 작성되고, 계약금(일반적으로 10%)이 지급되었음을 증빙서류에 의해 확인 가능할 때를 의미합니다.

구분 6: 조정대상지역에서 주택을 보유하는 중 조정대상지역의 주택을 추가 취득하는 계약일과 그 계약에 따른 계약금의 지급일이 2018년 9월 14일부터 2019년 12월 16일까지인 경우입니다. 2018년 9월 13일 대책에 따른 개정 규정이 적용되는 사례로 이때에는 신규 주택의 취득일로부터 '2년 이내'에 종전의 주택을 먼저 매도해야 '일시적 2주택'에 따른 비과세 가능합니다.

구분 7: 가장 최근에 개정된 규정으로 조정대상지역에서 주택을 보유하는 중 조정대상지역의 주택을 추가 취득하는 계약일이 2019년 12월 17일 이후이고, 그 계약에 따른 계약금 지급도 2019년 12월 17일 이후인 경우입니다. 이때에는 '일시적 2주택'에 따른 종전 주택의 비과세를 위해서는 다음 두 가지의 조건을 만족해야 합니다.

첫째, 신규 주택의 취득일로부터 '1년 이내'에 종전의 주택을 매도해야 합니다.

둘째, 신규 주택의 취득일로부터 '1년 이내'에 신규 주택으로 세대 전원이 이사를 하고 「주민등록법」에 따른 전입신고도 완료해야 합니다. 다만, 여기서 '1년 이내'의 기간은 기존 임대차계약의 종료일이 신고 주택의 취득일로부터 1년 이상 남았다면, 그 임대차계약의 종료일까지 최대 2년을 한도로 연장이 가능합니다. 하지만 신규 주택을 취득하고 갱신한 임대차계약은 인정되지 않습니다.

추가적으로 살펴볼 것은 조정대상지역의 주택을 신규 취득하는 기간 중 종전 주택이 비조정대상지역에서 조정대상지역으로 변경된 경우입니다. 국세청에서 관련 사례를 사전해석을 통하여 제시하였습니다.[5] 예를 들어 인천의 주택을 보유한 1세대가 서울의 주택을 취득하기 위하여 취득계약을 2020년 5월 중에 하고, 취득을 2020년 7월 중에 하였습니다. 이 기간 중에 종전의 주택이 있는 인천은 조정대상지역으로 지정되었습니다. 이에 대한 판단으로 계약시점 기준을 적용하여, 서울 주택을 취득하고 3년 이내 종전의 주택인 인천의 주택을 매도하면, 인천의 주택에 대하여 비과세가 가능하다고 판단하고 있습니다.

추가적으로 최근 이슈가 되고 있는 내용을 살펴보도록 하겠습니다. 2018년 9월 13일 대책과 2019년 12월 16일 대책으로 일시적 2주택의 경우 중복 보유가 가능한 기간이 각각 3년에서 2년, 2년에서 1년으

---

5 양도, 서면-2020-법령해석재산-1808, 2020.09.24.

로 감소하였습니다. 우리 세법은 일반적으로 개정안이 발표되고, 개정이 진행되는 도중에 이루어진 법적 행위에 대해서는 경과 규정을 통하여 기존 계약자들을 보호해주고 있습니다. 관련 내용을 살펴보겠습니다.

해당 경과규정은 「소득세법 시행령」 부칙에서 다루고 있으며 그 내용은 다음과 같습니다.

대통령령 제29242호, 2018.10. 23(대통령령 제30395호, 2020. 2. 11)
다음 각 호의 어느 하나에 해당하는 경우에는 제155조제1항의 개정규정 및 이 조 제1항에도 불구하고 종전의 규정에 따른다.

1. 조정대상지역에 종전의 주택을 보유한 1세대가 2018년 9월 13일(2019년 12월 16일) 이전에 조정대상지역에 있는 신규 주택(신규 주택을 취득할 수 있는 권리를 포함한다. 이하 이 항에서 같다)을 취득한 경우

2. 조정대상지역에 종전의 주택을 보유한 1세대가 2018년 9월 13일(2019년 12월 16일) 이전에 조정대상지역에 있는 신규 주택을 취득하기 위하여 매매계약을 체결하고 계약금을 지급한 사실이 증빙서류에 의하여 확인되는 경우

살펴보면, 종전의 규정을 적용하기 위해서는 종전의 주택을 보유한 1세대가 조정대상지역에 있는 신규 주택을 취득하거나 취득하기 위하여 매매계약을 체결하고, 계약금을 지급한 사실이 증빙서류에 의하여 확인이 되는 경우에만 종전의 규정을 적용하여 주겠다는 내용입니다.

다음과 같은 사례가 있을 수 있습니다. 조정대상지역의 A주택에 대한 분양계약을 2018년 5월경 체결하고, B주택의 취득계약을 2018년

10월, 2019년 2월에 취득하였습니다. 뒤이어 A주택의 입주는 2021년 3월에 이루어진 사례입니다.

이 경우 일시적 2주택의 조건은 어떻게 파악해야 할까요?

갑설) B주택을 2019년 2월에 취득하고, 2021년 3월에 A주택을 신규 취득하였으며, A주택의 계약은 2018년 9월 이전에 이루어졌으므로 A주택 취득일로부터 3년 이내에 B주택을 매도하면 B주택에 대한 비과세가 가능하다.

을설) A주택의 계약 시 주택을 소유하지 않았으므로 위 부칙에 따른 경과규정을 적용할 수 없고, 2019년 12월 16일 이후 A주택을 신규 취득한 것으로 보아 1년 이내 B주택을 처분하고, A주택에 전입까지 해야 한다.

이와 관련하여 현재 국세청(기획재정부)에서는 관련 사항에 대한 검토를 진행 중인 것으로 최근 기사에서 접할 수 있었습니다. 결론에 따라서 비과세가 가능하거나 가능하지 않을 수 있기 때문에 해당되는 당사자분들도 많을 것입니다. 아무쪼록 해석이 빨리 나와서 혼란스러운 내용이 정리될 수 있으면 좋겠습니다.

● 주택과 조합원 입주권(분양권)의 일시적 2주택

주택과 조합원 입주권의 일시적 2주택

양도소득세에서는 「도시및주거환경정비법」에 따라 재건축/재개발 진행 절차에 따른 관리처분인가가 이루어지면, 해당 주택에 대해 조합원 입주권이라고 하여 신규 주택을 취득할 수 있는 권리로 봅니다.

일시적 2주택의 중복 기한이 개정에 따라 짧아짐에 따라 1주택을 소유한 1세대가 조합원 입주권을 추가적으로 취득한 경우의 일시적 2주택 비과세 조건도 상담 사례에서 많이 등장하고 있습니다. 이와 관련하여 조건을 살펴보겠습니다. 주택과 조합원 입주권의 일시적 2주택 비과세 조건은 다시 두 가지 경우로 분리합니다.

가. 1주택을 소유한 1세대가 1주택을 취득한 날로부터 1년 이상이 지난 후 조합원 입주권을 취득하는 경우

이 경우에는 조합원 입주권을 취득한 날로부터 3년 이내에 종전의 주택을 매도하면 종전에 주택에 대하여 9억 원 이하일 경우 비과세가 가능합니다. 종전의 주택이 취득 당시 조정대상지역이라면 거주 2년의 요건을 물론 만족해야 합니다. 그 이외의 다른 조건은 없습니다.

나. 1주택을 소유한 1세대가 조합원 입주권을 추가적으로 취득하여 1주택과 1조합원 입주권을 소유하게 된 경우

이 경우에는 종전의 주택을 비과세 요건을 만족하여 매도한다고 하더라도 사후 관리 규정을 준수해야 주택에 대한 비과세가 최종적으로 완료되게 됩니다.

1. 조합원 입주권을 취득하고 3년 이상이 지나서 종전의 주택을 매도해야 합니다. 가에서 살펴본 3년 이내에 종전의 주택을 먼저 매도하는 조건과 정반대입니다. 또한 추가적으로 다음의 요건도 충족해야 합니다.

2. 조합원 입주권으로 인하여 신축되는 주택에 그 주택의 완성일로부터 2년 이내에 세대 전원이 입주하여 1년 이상 계속하여 거주해야 합니다. 입주권의 완성일은 사용승인일을 기준으로 하기 때문에 최초 입주기간 중 임대를 한다면, 임대인의 실입주 조건이라 하더라도 완성일로부터 2년 이내라는 조건을 충족하기 어려울 수 있습니다.

3. 재건축/재개발 등으로 취득하는 주택이 완성되기 전에 종전의 주택을 매도하든지, 그렇지 않다면 완성된 후에는 2년 이내에 종전의 주택을 먼저 매도해야 합니다. 이 항목에서는 주택과 주택의 일시적 2주택 조건과는 다르게 2년 이내 종전의 주택을 매도하면 됩니다.

이처럼 주택과 주택의 일시적 2주택 조건이 다르고, 주택과 조합원 입주권의 일시적 2주택 조건이 다르기 때문에 본인이 어떠한 상태에 놓여 있는지를 명확히 파악하고, 매수/매도의 의사결정을 진행하여야 하겠습니다.

주택과 분양권의 일시적 2주택

「소득세법」(양도소득세)에서 분양권이라 함은 주택 분양권을 의미하며, 법률에 따른 주택 공급계약을 통하여 주택을 공급받는 자로 선정된 지위를 의미합니다. 이 분양권은 2020년 12월 31일 이전에 취득 완료되었다면, 주택으로 보지 않기 때문에 분양권이 주택으로 변경되는 시점에 주택과 주택의 일시적 2주택의 요건으로 판단하면 되었습니다. 그러나 법률 개정으로 인하여 2021년 1월 1일 이후 취득하는 분양권에 대해서는 조합원 입주권과 동일한 기준으로 판단합니다. 즉 종전 주택을 보유한 1세대가 2021년 1월 1일 이후 신규 취득한 분양권이 있다면, 분양권 취득일을 기준으로 주택과 분양권의 일시적 2주택 비과세 조건을 판단해야 합니다.

비과세 조건은 위에서 살펴본 주택과 조합원 입주권의 사례와 동일합니다. 즉 종전의 주택을 취득한 날로부터 1년 이상이 지난 후 2021년 이후 분양권을 취득한다면 3년 이내 종전의 주택을 매도하는 경우에 비과세가 가능합니다. 그리고 1년 이상이 지나지 않은 상태로 신규 분양권을 취득하였다면 사후 관리규정까지 고려하여 종전의 주택을 매도하여야 종전의 주택이 비과세 가능한 것입니다.

2020년 12월 31일 이전에 가능했던 A분양권을 먼저 취득하고, B주택을 취득한 다음, A분양권이 입주할 때 B주택을 먼저 매도하여 B주택에 대한 비과세를 고려하던 방법은 이제 가능하지 않게 되었습니다.

● 주택 보유 기준의 변경(최종 1주택 관련)

2021년 1월 1일부터 적용되는 규정으로, 관련 법은 2019년 2월에 개정되었지만 아직까지 여러 사례에 대하여 각각 판단을 달리 보아야 하는 난해한 규정입니다. 2020년 12월 31일 이전에 매도가 완료되었다면 이전의 거래내역은 중요하지 않고, 양도 당시 시점만 판단하여 그 주택이 1주택(일시적 2주택)이며 비과세 요건을 만족하였다면, 해당 양도 대상 주택에 대하여 비과세가 가능하였습니다.

그러나 2021년 1월 1일 이후에는 다주택자가 1주택 외의 주택을 모두 양도하여 최종 1주택이 되는 경우라면, 그 최종 1주택의 비과세 판단을 위한 보유기간은 최종 1주택이 된 날부터 새롭게 계산합니다. 다만, 일시적 2주택이 가능한 다주택은 해당 2주택 모두 예외 규정을 적용하여 새롭게 계산하지 않습니다.

원문 내용을 살펴보고 문장 하나씩 뜯어 보겠습니다.

> "2주택 이상(「소득세법 시행령」 제155조, 제155조의2 및 제156조의2의 규정에 따라 일시적으로 2주택에 해당하는 경우 해당 2주택은 제외하되, 2주택 이상을 보유한 1세대가 1주택 외의 주택을 모두 양도한 후 신규 주택을 취득하여 일시적 2주택이 된 경우는 제외하지 않는다)을 보유한 1세대가 1주택 외의 주택을 모두 양도한 경우에는 양도 후 1주택을 보유하게 된 날부터 보유기간을 기산한다."

괄호를 생략하고 살펴본다면, A와 B 2주택을 보유한 1세대가 B주택을 먼저 양도하는 경우 A주택의 비과세 조건은 'B주택 매도 후 새로

2년을 보유해야 비과세 조건이 만족한다'라고 읽을 수 있겠습니다.

괄호의 내용 중 '일시적 2주택에 해당하는 경우 해당 2주택이 제외된다'고 되어있으므로 A와 B가 일시적 2주택의 조건을 만족하는 상태로 A주택을 매도한다면(일시적 2주택은 반드시 종전 주택을 먼저 매도하는 경우에 성립) B주택의 비과세 판단을 위한 보유기간은 새롭게 계산되지 않고 최초 취득 시점을 기준으로 합니다.

그러나 다시 괄호의 내용 중 '2주택 이상을 소유한 1세대가 1주택 외의 주택을 모두 양도한 후 새롭게 취득하여 일시적 2주택이 되는 경우에는 제외하지 않는다'라고 되어 있습니다. 여기서 제외하지 않는다는 것은 바뀐 규정이 적용된다는 의미이고, 보유기간이 새롭게 계산된다는 의미입니다. A, B, C 3주택자의 경우 B와 C주택이 양도차익이 없다면, B와 C주택을 먼저 양도하고, 심지어 같은 날 A주택을 양도해도 A주택에 대해서는 비과세가 가능하였습니다. 하지만 2021년 이후부터는 개정된 규정을 적용하여, A가 최종 1주택이 되기 때문에 추가적으로 2년을 보유해야 A주택에 대하여 비과세가 가능합니다.

이와 관련하여 국세청 및 기획재정부에서는 여러 사례별로 해석 사례를 제시하였습니다. 하나씩 살펴보겠습니다.

> 쟁점 1) 3주택 보유세대가 1주택을 양도(과세)하여 '남은 주택이 일시적 2주택'이 된 상태에서 종전 주택을 양도한 경우

1안: 당해 주택 취득일(2015년 10월)

2안: 직전 주택 양도일(2020년 12월)

사례

'15.10	'19.01	'19.03	'20.12	'21.이후
A주택 취득	B주택 공동 취득	C주택 취득	C주택 양도 (과세)	A주택 양도 일시적 2주택

A, B, C 3주택 보유자이지만, C주택을 매도한다면 A와 B주택 사이에서 일시적 2주택이 가능하기 때문에 A주택의 비과세를 위한 취득 시점을 C주택 양도 시점부터가 아닌 최초 취득 시점부터 계산합니다.

실무에서 흔히 '쟁점 1'이라고 합니다. 3주택자가 C주택을 먼저 양도하였으나, 마침 남은 A와 B주택이 일시적 2주택이 되는 경우 A주택의 비과세 판단 시 보유기간은 새롭게 계산되지 않고 최초 취득 시점을 기준으로 합니다. 때문에 A와 B주택에서 일시적 2주택의 조건이 맞는다면, 최초 취득일을 기준으로 비과세 판단이 가능하다는 결론입니다.

이와 관련하여서는 여러 가지 추가적인 이슈들이 나올 수 있습니다.

첫째, 마침 C주택의 매도가 2020년 중에 완료되었기 때문에 법 시행 기준일인 2021년 1월 1일을 기준으로 본다면, A와 B주택의 일시적 2주택이 만족하는 것은 틀림이 없습니다. 일시적 2주택을 만족하는 상태이므로, 최초 취득일을 기준으로 판단함에도 이상이 없습니다.

그러나 여기에서 C주택의 매도가 2021년 이후 이루어진다면, 이 사례를 그대로 적용할 수 있을까에 대한 의문은 여전히 남게 됩니다. 다행히도 최근 사례를 통하여 C주택의 매도가 2021년 이후 이루어지더라도 A와 B주택이 일시적 2주택의 조건을 만족한다면 이 사례를 그대로 적용할 수 있는 것으로 해결되었습니다.

둘째, '2021년 이후 추가 취득이 이루어지는 경우는 어떻게 될까?' 입니다. A와 B주택의 일시적 2주택 조건을 만족하는 상태에서 C주택 또는 주택으로 보는 입주권 등을 2021년 이후 추가적으로 매수하는 경우입니다. 법문에서는 '추가 매수하여 일시적 2주택이 되는 경우에는 바뀐 규정을 적용한다'라고 되어 있기 때문에, 이 부분에 대한 해석이 필요한 상황입니다. 아직 2021년 이후 신규 매수하고 종전의 주택을 매도한 경우가 없기 때문에 해석이 나오지 않고 있는 상황인 것으로 파악되며, 2021년 중에 결론이 날 것으로 보입니다.

다음으로 '쟁점 2'에 대하여 살펴보도록 하겠습니다.

> **쟁점 2)** 2주택 보유세대가 1주택을 양도(과세)하여 1주택이 된 후 다시 '신규 주택 취득으로 일시적 2주택' 상태에서 1주택(종전 주택) 양도

1안) 당해 주택 취득일(2016년 9월)

2안) 직전 주택 양도일(2019년 8월)

'16.9	'16.12	'19.8.7	'21.8.6
A주택 취득	B주택 취득	B주택 양도 C주택 취득 (B주택 과세)	A주택 양도 일시적 2주택

*2019년 8월 7일 B주택 양도(과세)와 동시에 C주택 취득함

A, B의 2주택자(2주택도 다주택입니다)가 B주택을 매도했기 때문에 다주택자 1주택 외의 주택을 모두 양도한 후 신규 주택을 취득하여 새롭게 일시적 2주택을 성립하는 경우이기 때문에 개정규정이 적용됩니다. 그에 따라 B주택 매도일인 2019년 8월 7일을 기준으로 2021년 8월 6일 이후 A주택을 매도해야 보유 2년의 비과세 조건을 만족합니다.

여기서도 살펴볼 쟁점이 있습니다.

첫째, 2021년 1월 1일부터 개정되는 규정으로 2021년 1월 1일을 기준으로 본다면, A주택과 C주택을 기준으로 일시적 2주택이 성립하기 때문에 일시적 2주택의 예외 조건을 적용하여 개정규정이 적용되지 않아도 될 것으로 보입니다. 하지만 아직 이 사례가 삭제되고 있지 않다는 것은 사례대로 적용해야 한다는 의미입니다.

둘째, '쟁점 1'과 비교하여 살펴보아도, '쟁점 1'의 경우에는 2021년 1월 1일 기준 3주택자이며(2021년 1월 1일 매도도 '쟁점 1'을 적용 가능),

'쟁점 2'의 경우에는 2021년 1월 1일 기준 2주택(일시적 2주택을 만족)입니다. 2주택자의 처분 전략이 3주택자보다 불리하게 판단되고 있습니다. 추가적인 검토가 필요하겠습니다.

위 쟁점과는 별도로 조정대상지역의 주택인 경우 최종 1주택의 조건이 적용되는 경우 과거에 거주한 이력은 인정되는지 새롭게 거주해야 하는지에 대한 판단도 해야 합니다.

마침 거주와 관련해서는 해석이 나와 있으며, 그 답은 '보유기간이 새롭게 계산되는 경우라면, 거주도 새로 2년을 해야한다'라고 되었습니다.[6]

또한 2020년 중 다주택자라 하더라도 모두 매도하여 2021년 1월 1일 기준 1주택이 되었다면, 바뀐 규정을 적용하지 않고, 최초 취득일을 기준으로 비과세 요건을 판단한다고 해석한 사례로 확인되었습니다.[7]

당부하고 싶은 말씀은 이 최종 1주택의 요건과 관련해서는 해석 사례가 있다고 하더라도 양도 의사결정 전에 반드시 세무대리인과 상담을 통하여 본인의 상황을 확인한 후 진행하기 바랍니다. 해석 사례가 나와 있지만, 사실관계에서 동일하지 않은 사례인 경우라면 확대 해석으로 인한 실수가 발생할 수 있기 때문입니다.

---

6   기획재정부 재산세제과-35 (2021.01.14)
7   기획재정부 재산세제과-1132 (2020.12.24)

● 조정대상지역의 다주택자 중과세율

2017년 8월 2일 대책으로 2018년 4월 1일 이후로 조정대상지역의 주택을 양도하는 다주택자인 경우에는 기본세율에 주택 수에 따른 중과세율을 고려하여 양도소득세를 계산해야 합니다. 1세대가 소유하고 있는 주택 수에 따라 2주택자인 경우에는 +10%의 중과세율을, 3주택자인 경우에는 +20%의 중과세율을 적용하여 양도소득세를 계산해야 합니다. 이 중과세율도 개정에 따라서 2021년 6월 1일 이후 매도하는 경우에 대해서는 2주택자인 경우 +20%의 중과세율, 3주택자의 경우에는 +30%의 중과세율을 적용하여야 합니다.

주택 수의 의미

조정대상지역의 주택과 비조정대상지역의 주택을 모두 합산하여 계산합니다. 또한 주택으로 보는 조합원 입주권 및 분양권 등도 포함하여 주택 수를 계산합니다. 다만, 예외 규정으로 수도권, 광역시, 특별자치시 내 읍면지역 또는 수도권, 광역시, 특별자치시 이외의 지역에 소재하는 주택으로서 주택과 부수토지의 기준시가 금액이 3억 원 이하인 주택(이하 '수도권 외 주택')이라면 주택 수에서 제외됩니다. 따라서 당사자가 서울에 1주택을 소유하고 세종시에 1주택을 소유하고 있는 상태에서 '수도권 외 주택'을 1주택 소유하고 있는 경우라면, 실물을 3주택을 소유하고 있지만 중과세 판단을 함에 있어서는 서울의 주택과 세종의 주택만을 고려하여 2주택 중과를 적용한다는 의미입니다.

그러나 이 '수도권 외 주택'은 비과세 판단을 함에 있어서는 제외되지 않습니다. 서울의 1주택과 '수도권 외 주택'이 있는 경우라면 2채를 보유하고 있는 것이고, 일시적 2주택의 조건이 가능한 범위 내에서만 서울의 주택에 대해 '비과세' 판단이 가능한 것입니다.

추가적으로 주택 수를 계산함에 있어 2021년 이후 취득한 분양권도 주택 수에 포함되기 때문에 본인의 주택 수를 잘 파악하고 있어야 하겠습니다.

중과세율이 적용되지 않는 예외의 주택

주택 수를 모두 합산하여 중과세율이 적용되지만, 일정 조건을 만족하는 주택이라면 그 주택을 양도하는 경우에는 중과세율을 적용하지 않는 예외 규정이 있습니다. 세부 내역을 살펴보도록 하겠습니다.

가. 3주택 이상을 소유한 1세대가 주택을 양도하는 경우 중과적용이 되지 않는 주택

1) 수도권(경기도 읍/면 지역 제외), 광역시(군 지역 제외), 특별자치시(세종시, 읍/면 지역 제외) 외 지역의 양도 당시 기준시가 3억 원 이하의 주택

2) 장기 일반 민간임대주택 등으로 등록하여 8년 이상 임대한 주택(다만, 2018년 3월 31일까지 등록한 경우에는 5년)으로 일정 요건을 충족한 주택

3) 「조세특례제한법」상 감면주택

4) 10년 이상 무상 제공한 장기 사원용 주택

5) 5년 이상 운영한 가정어린이집

6) (5년 이내 양도) 상속받은 주택

7) 문화재 주택

8) 저당권 실행 또는 채권변제를 위해 취득한 주택(3년 이내 양도)

9) 상기 각 주택 외에 1주택만을 소유하는 경우의 해당 주택

10) 조정대상지역 공고 전 매매 계약을 체결하고 계약금을 받은 사실이 증빙서류에 의하여 확인되는 주택

11) 제 155조 또는 조세특례제한법에 따라 1세대가 국내에 1주택만을 소유한 것으로 보거나 1세대 1주택으로 보아 비과세가 적용되는 주택으로서 같은 항의 요건을 모두 만족하는 주택

1)은 '수도권 외 주택'을 의미하는 것으로 다른 주택 매도 시 주택 수에 포함되지 않으며, 해당 주택을 매도하는 경우에도 중과적용이 되지 않습니다. 1)과 다른 특별한 경우를 제외하면 대부분은 2)에 해당하는 장기임대주택과 9) 그 외의 1주택을 소유한 경우가 해당하겠습니다. 2)에 해당하는 장기임대주택은 주택 수에서 제외되지 않으므로, A(임대주택), B(취득시기가 빠른 일반주택), C(취득 시기가 늦은 일반주택)를 보유하는 중, C주택을 먼저 매도한다면 C주택은 3주택 중과세가 적용되는 것입니다.

이후 거주주택 비과세에서 자세히 살펴보도록 하겠습니다.

나. 2주택을 소유한 1세대가 주택을 양도하는 경우 중과적용이 되지 않는 주택

1) 3주택자 중과 대상에서 제외되는 주택(즉 위 항목에 해당하면, 2주택자인 경우에도 중과되지 않습니다.)

2) 취학, 근무상 형편, 질병요양 등의 사유로 취득한 수도권 밖 주택 및 다른 시/군에 소재하는 주택으로 일정 요건을 충족하는 경우

3) 혼인합가일로부터 5년 이내 양도하는 주택

4) 부모봉양 합가일로부터 10년 이내 양도하는 주택

5) 소송진행 중이거나 소송 결과에 따라 취득한 주택(확정판결일로부터 3년 이내 양도)

6) 일시적 2주택인 경우 종전 주택

7) 양도 당시 기준시가가 1억 원 이하인 주택

8) 1)에서 5)까지의 주택을 제외하고 1주택만을 소유하는 경우에 해당 주택

9) 조정대상지역 공고 전 매매 계약을 체결하고 계약금을 받은 사실이 증빙서류에 의하여 확인되는 주택

10) 「소득세법 시행령」 제155조제20항에 따른 장기임대주택과 그 밖의 1주택(이하 이 호에서 '거주주택'이라고 한다)을 소유하고 있는 1세대가 거주주택을 양도하는 경우로서 「소득세법 시행령」 제154조제1항이 적용되고 같은 항의 요건을 모두 충족하는 거주주택

따라서 세대 기준으로 소유하고 있는 주택의 수를 파악하고, 그 예외 대상이 되는지를 확인해야 중과세율 적용에서 오류를 피할 수 있습니다.

소득세법 시행령 제167조의3 -1세대 3주택 이상에 해당하는 주택의 범위
① 법 제104조제7항제3호에서 "대통령령으로 정하는 1세대 3주택 이상에 해당하는 주택"이란 국내에 주택을 3개 이상(제1호에 해당하는 주택은 주택의 수를 계산할 때 산입하지 않는다) 소유하고 있는 1세대가 소유하는 주택으로서 다음 각 호의 어느 하나에 해당하지 않는 주택을 말한다.

소득세법 시행령 제167조의4 - 1세대 3주택 · 입주권 또는 분양권 이상에서 제외되는 주택의 범위
② 법 제104조제7항제4호에서 1세대가 소유한 주택(주택에 딸린 토지를 포함한다. 이하 이 조에서 같다)과 조합원입주권 또는 분양권의 수를 계산할 때 수도권 및 광역시 · 특별자치시(광역시에 소속된 군, 「지방자치법」 제3조제3항 · 제4항에 따른 읍 · 면 및 「세종특별자치시 설치 등에 관한 특별법」 제6조제3항에 따른 읍 · 면에 해당하는 지역은 제외한다) 외의 지역에 소재하는 주택, 조합원입주권 또는 분양권으로서 해당 주택의 기준시가, 조합원입주권의 가액(「도시 및 주거환경정비법」 제74조제1항제5호에 따른 종전 주택의 가격을 말한다) 또는 분양권의 가액[주택에 대한 공급계약서상의 공급가격(선택품목에 대한 가격은 제외한다)을 말한다]이 해당 주택 또는 그 밖의 주택의 양도 당시 3억원을 초과하지 않는 주택, 조합원입주권 또는 분양권은 이를 산입하지 않는다.

소득세법 시행령 제167조의10 - 양도소득세가 중과되는 1세대 2주택에 해당하는 주택의 범위
① 법 제104조제7항제1호에서 "대통령령으로 정하는 1세대 2주택에 해당하는 주택"이란 국내에 주택을 2개(제1호에 해당하는 주택은 주택의 수를 계산할 때 산입하지 않는다) 소유하고 있는 1세대가 소유하는 주택으로서 다음 각 호의 어느 하나에 해당하지 않는 주택을 말한다.

소득세법 시행령 제167조의11 - 1세대 2주택 · 조합원입주권 또는 분양권에서 제외되는 주택의 범위
① 법 제104조제7항제2호 단서에서 "대통령령으로 정하는 장기임대주택 등"이란 국내에 주택과 조합원입주권 또는 분양권을 각각 1개씩 소유하고 있는 1세대가 소유하고 있는 주택으로서 다음 각 호의 어느 하나에 해당하는 주택을 말한다.

임대주택을 등록한 경우 양도소득세

민간임대주택의 원활한 공급을 위하여 임대주택으로 등록하는 경우에는 각종 세법상 혜택을 주었습니다. 앞에서 살펴본 대로 중과세율 적용의 예외로 두었습니다. 다만, 중과세율이 적용이 되지 않으려면 추가적으로 만족해야 하는 조건이 있습니다.

첫째, 임대개시 시점 공시가격이 6억 원을 초과하지 않아야 합니다. 임대 등록을 하였으나, 임대개시 시점의 공시가격 6억 원을 초과하였다면, 소득세법상 장기임대주택의 요건을 만족하지 못하는 것으로 중과적용의 대상이 됩니다.

둘째, 임대 등록 시기에 따라 임대의무기간의 구분해야 합니다. 단기 임대 등록을 했다면 시기에 따라 5년 또는 4년의 임대의무기간이 있을 것입니다. 그리고 2020년 중 정책의 변경으로 인하여 임대의무기간이 다한 주택의 경우, 구청으로부터 자진말소가 진행되고 있을 것입니다. 단기 임대 등록을 하였다면 2018년 3월 31일 이전에 등록을 완료해야 그 주택을 매도하는 경우에 조정대상지역인 경우 중과적용의 예외가 적용될 수 있습니다. 또한 다른 주택(일반주택)을 매도하는 경우에도 예외 1주택 적용을 하여 일반주택에 대하여 2주택 중과세율이 아닌 일반세율을 적용할 수 있습니다. 즉 단기 임대사업자의 경우 2018년 3월 31일과 임대개시 시점의 공시가격 6억 원 초과 여부를 중요하게 파악해야 합니다. 임대 등록주택을 보유한 분들이 혼란스러워하는 부분 중 하나가 '중과적용이 되지 않는다'와 '주택 수에서 제외된다'

의 의미를 구별하여 사용하지 못하기 때문에 발생합니다. 이를 정확히 구분할 줄 알아야 합니다.

또한 자동말소의 경우에는 세법상 의무를 다한 것으로 보고 그 이후 언제 매도하더라도 중과세율 적용을 하지 않습니다. 자동말소 외에 임차인의 동의를 얻은 임대의무기간의 1/2 이상을 임대한 주택의 경우라면 자진말소가 가능합니다. 이 자진말소의 경우에는 자진말소 후 1년 이내에 양도하는 경우라면, 역시 중과세율 적용을 하지 않습니다. '자동말소'와 '자진말소' 각각의 의미를 구분하여 파악해야 하겠습니다.

● 거주주택 비과세

일반주택와 임대주택을 보유한 1세대의 거주주택 비과세

임대주택에 대한 세제 혜택을 관심을 가지게 되면서 거주주택 비과세가 절세의 방안으로 많은 사람의 관심을 가지게 되었습니다. 그리고 실제 임대 등록 및 해당 조항을 적용하여 비과세 혜택을 받고 있습니다. 그 내용에 대하여 자세히 살펴보도록 하겠습니다.

거주주택 비과세는 「소득세법」 제155조제20항에서 정의하고 있습니다. 해당 조문을 먼저 살펴보겠습니다.

⑳ 제167조의3제1항제2호에 따른 주택{같은 호 가목 및 다목에 해당하는 주택의 경우에는 해당 목의 단서에서 정하는 기한의 제한은 적용하지 않되, 2020년 7월 10일 이전에 「민간임대주택에 관한 특별법」 제5조에 따른 임대사업자 등록 신청(임대할 주택을 추가하기 위해 등록사항의 변경 신고를 한 경우를 포함한다)을 한 주택으로 한정하며, 같은 호 마목에 해당하는 주택의 경우에는 같은 목 1)에 따른 주택[같은 목 2) 및 3)에 해당하지 않는 경우로 한정한다]을 포함한다. 이하 이 조에서 "장기임대주택"이라 한다} 또는 같은 항 제8호의2에 해당하는 주택(이하 "장기가정어린이집"이라 한다)과 그 밖의 1주택을 국내에 소유하고 있는 1세대가 각각 제1호와 제2호 또는 제1호와 제3호의 요건을 충족하고 해당 1주택(이하 이 조에서 "거주주택"이라 한다)을 양도하는 경우(장기임대주택을 보유하고 있는 경우에는 생애 한 차례만 거주주택을 최초로 양도하는 경우에 한정한다)에는 국내에 1개의 주택을 소유하고 있는 것으로 보아 제154조제1항을 적용한다. 이 경우 해당 거주주택을 「민간임대주택에 관한 특별법」 제5조에 따라 민간임대주택으로 등록하였거나 「영유아보육법」 제13조제1항에 따른 인가를 받아 가정어린이집으로 사용한 사실이 있고 그 보유기간 중에 양도한 다른 거주주택(양도한 다른 거주주택이 둘 이상인 경우에는 가장 나중에 양도한 거주주택을 말한다. 이하 "직전 거주주택"이라 한다)이 있는 거주주택(민간임대주택으로 등록한 사실이 있는 주택인 경우에는 1주택 외의 주택을 모두 양도한 후 1주택을 보유하게 된 경우로 한정한다. 이하 이 항에서 "직전거주주택보유주택"이라 한다)인 경우에는 직전거주주택의 양도일 후의 기간분에 대해서만 국내에 1개의 주택을 소유하고 있는 것으로 보아 제154조제1항을 적용한다.

1. 거주주택: 보유기간 중 거주기간(직전 거주주택보유주택의 경우에는 법 제168조에 따른 사업자등록과 「민간임대주택에 관한 특별법」 제5조에 따른 임대사업자 등록을 한 날 또는 「영유아보육법」 제13조제1항에 따른 인가를 받은 날 이후의 거주기간을 말한다)이 2년 이상일 것

2. 장기임대주택: 양도일 현재 법 제168조에 따른 사업자등록을 하고, 장기임대주택을 「민간임대주택에 관한 특별법」 제5조에 따라 민간임대주택으로 등록하여 임대하고 있으며, 임대보증금 또는 임대료(이하 이 호에서 "임대료등"이라 한다)의 증가율이 100분의 5를 초과하지 않을 것. 이 경우 임대료등의 증액 청

구는 임대차계약의 체결 또는 약정한 임대료등의 증액이 있은 후 1년 이내에는 하지 못하고, 임대사업자가 임대료등의 증액을 청구하면서 임대보증금과 월임대료를 상호 간에 전환하는 경우에는 「민간임대주택에 관한 특별법」 제44조제4항의 전환 규정을 준용한다.

3. 장기가정어린이집: 양도일 현재 법 제168조에 따라 사업자등록을 하고, 장기가정어린이집을 운영하고 있을 것

위와 같이 '거주주택 비과세' 특례를 설명하는 내용의 문장이 엄청 길고 해석 자체가 난해합니다. 이를 요약해서 살펴보도록 하겠습니다.

"「소득세법」에 따른 장기임대주택과 일반주택을 보유하고 있는 1세대가 '거주한' 일반주택을 양도하는 경우에는 이를 1세대 1주택으로 보아 9억 원 이하 비과세를 적용하여 주겠다"입니다. 다만, 2019년 2월 12일 이후에는 생에 한 차례만 적용할 수 있습니다. 물론 이 한 차례에 대해서는 경과규정이 있습니다. 하나씩 살펴보겠습니다.

「소득세법」에 따른 장기임대주택

민간임대주택에 관한 특별법에 따라 관할 구청(또는 시청)에 임대사업자 등록을 하고, 소득세법에 따라 관할 세무서에 사업자 등록을 한 주택으로서 임대개시 시점 공시가격이 6억 원을 초과하지 않아야 하며, 임대기간 동안에는 임대료 상한 5%의 조건을 유지해야 합니다.

거주주택

보유기간 중 거주기간 2년을 만족한 주택으로서 장기임대주택을 등록하기 전이라고 해도 거주를 하였으면 인정됩니다. 이 거주와 관련하여 많은 분이 착각하는 내용 중 하나가 2017년 8월 2일 등 조정대상지역이 지정되기 전에 취득한 주택이라면 거주하지 않아도 비과세가 되는 것으로 알고, 일반주택과 장기임대주택이 있는 상태에서 거주하지 않은 조건으로 매도를 진행합니다.

물론 조정대상지역이 지정되기 전에 취득하였다면, 그 주택의 비과세 조건에 거주가 없는 것은 맞습니다. 하지만 '거주주택 비과세'의 조항을 적용하기 위해서는 취득시기와 관계 없이 거주해야 적용할 수 있습니다. 그래서 일반적으로 종전 주택을 취득하고 1년 이후 신규 주택을 취득한 경우라면 일시적 2주택의 조건을 먼저 적용하는 것입니다. 그리고 일시적 2주택의 조건이 적용되지 않는 경우에 이 '거주주택 비과세'의 조건을 고려해볼 수 있는 것입니다.

평생 1회의 조건과 관련하여

2018년 9월 13일 대책 및 그에 따른 세법 개정으로 인하여 이 거주주택 비과세의 조건과 관련하여 횟수 제한이 생겼습니다. 일시적 2주택으로 비과세를 적용하는 경우라면 횟수 제한이 없이 계속적으로 비과세가 가능합니다. 하지만 거주주택 비과세의 조건과 관련하여 비과세를 받는다면 그 횟수를 관리하게 되는 것이며, 종전 주택을 보유한 상태에서 신규 주택 취득 또는 취득을 위한 계약이 2019년 2월 12일 이전에 완료되었어야 최대 2차례의 거주주택 비과세가 적용 가능합니다.

최근에 이와 관련하여 살펴보아야 할 해석 사례가 제시되었습니다. 2019년 2월 12일 이전에 신규 주택 취득을 위한 계약이 되었다면 경과규정을 적용하여 최대 2차례까지 가능한 것으로 알고 있는 조건에서 장기임대주택이 없는 경우입니다. 즉 종전 주택 보유 중 2019년 2월 12일 이전에 분양계약을 체결하였으나, 장기임대주택을 2019년 2월 12일 이후 취득한 경우입니다. 이때에는 새로운 분양권으로 새롭게 취득하는 주택에 대해서는 경과규정을 적용할 수 없기에 거주주택 비과세를 적용할 수 없다는 예규입니다. [8]

장기임대주택으로 등록 가능한 주택에 대하여

장기임대주택은 「소득세법 시행령」 제167조의3 제1항제2호에서 정의하고 있습니다. 흔히 알고 있는 2018년 3월 31일까지 등록한 「민간임대주택법」상 단기임대주택과 기간 제한 없이 등록한 「민간임대주택법」상 장기임대주택으로 구분을 하지만, 거주주택 비과세를 적용함에 있어서 단기임대주택의 등록기한은 중요하지 않습니다. 즉 거주주택 비과세의 목적만 위해서라면 2018년 4월 1일 이후로 「민간임대주택법」상 단기임대주택으로 등록하였다 하더라도 거주하고 있는 일반주택에 대하여 거주주택 비과세가 적용 가능한 것입니다. 또한 2018년 9월 13일 이후로 주택을 보유한 1세대가 새롭게 취득하는 조정대상지역의 주택에 대해서는 장기임대등록하더라도 그 임대주택

---

8   서면–2020–법령해석재산–1464 , 2021.03.08

을 매도하는 경우에는 중과세율이 적용됩니다. 그러나 거주주택 비과세를 적용함에 있어서는 2018년 9월 13일의 구분 없이 적용 가능합니다.

다만, 2020년 6월 17일과 2020년 7월 10일의 대책으로 인하여 아파트에 대한 임대주택 등록이 폐지되었으므로, 2020년 7월 11일 이후 등록하는 아파트에 대해서는 거주주택 비과세 적용이 가능하지 않습니다(「민간임대주택법」상 등록가능하지 않음).

장기임대주택의 임대기간과 관련하여

거주주택 비과세를 위해서는 임대기간 5년을 충족하여야 합니다. 단기임대주택에서의 4년(또는 5년), 장기임대주택에서의 8년(또는 10년)의 조건과는 무관하게 '거주주택 비과세' 적용에 있어서 임대의무기간은 5년입니다. 다만 이 의무기간은 거주주택을 매도한 이후에 충족해도 가능합니다. 즉 거주주택 비과세 혜택을 받고, 이후에 임대주택에 대한 의무기간 5년을 충족해도 됩니다. 임대의무기간을 충족하지 못하는 경우라면, 거주주택을 매도하였을 때의 양도소득세를 계산하여 2개월 이내 납부해야 합니다. 따라서 임대의무기간을 충족하는 것이 매우 중요합니다.

다만, 자동말소 및 자진말소에 따라 「민간임대주택법」상 말소에 따라 관한 구청(시청)에서 등록이 말소되는 경우에 대한 예외 규정을 두고 있습니다. 「민간임대주택법」상의 4년 의무기간이 종료되어 말소되는 경우라면, 거주주택 비과세 항목의 5년을 충족하지 못하였더라도 그 의무기간을 다한 것으로 봅니다. 또한 「민간임대주택법」상의 장기

임대주택의 경우에는 임대의무기간(8년 또는 10년)의 2분의 1 이상을 임대하고, 세입자의 동의를 얻어 자진말소가 되는 경우라면 역시 임대의무기간을 충족한 것으로 봅니다.

또한, 임대 등록한 주택이 재건축, 재개발 등으로 인하여 멸실되는 경우에는 관할 구청(시청)에 의한 직권 말소의 대상이 되기 때문에 이 경우에도 임대의무기간은 충족한 것으로 봅니다.

3주택 이상 보유세대의 거주주택 비과세 적용 관련하여

A(거주주택), B(일반주택), C(장기임대주택)의 3주택을 보유한 1세대가 A 또는 B주택을 양도하는 경우에 양도소득세에 대하여 살펴보도록 하겠습니다.

• A와 B에서 일시적 2주택의 조건을 충족하는 경우

이 경우에는 「소득세법 시행령」 제155조제1항의 일시적 2주택 비과세 조건과 동 조 제20항의 거주주택 비과세 항목을 적용하여 A주택에 대하여 9억 원 이하 비과세 적용이 가능합니다.

9억 원 이하 비과세 적용이 가능하지만, 9억 원 초과에 대해서는 과세 대상이 되는 것이고, 이때에는 9억 원 초과 부분에 대하여 양도소득세를 계산하여 납부해야 합니다.

9억 원 초과 부분에 대한 양도소득세를 계산함에 있어서 주택 수를 어떻게 계산할 것인지에 대해서도 살펴봐야 합니다. 세법 개정으로 인하여 2021년 2월 17일 이후 양도하는 거주주택 비과세와 관련해서는 9억 원 초과 부분에 대하여 예외 규정을 적용하여 중과세율이 적용되지 않고 일반세율을 적용합니다. 일반세율을 적용한다는 것은 장기보유특별공제도 가능하다는 것이므로, 세부담이 크지 않습니다.

그러나 법 개정 전인 2020년 2월 16일 이전에 3주택 상태에서 양도한 경우라면, 관련 해석 등으로 9억 원 초과 부분에 대해서는 3주택 이상 중과세율을 적용하여야 하고, 그에 따라 장기보유공제도 가능하지 않습니다.[9] 이 부분에 대해서는 조세심판원에서 다루어지고 있으며 정리가 될 것으로 보입니다.

• A와 B주택에서 일시적 2주택의 조건을 적용하지 못하는 경우

이 경우에는 A주택을 매도하거나, B주택을 매도하는 경우 동일하게 과세 대상이 됩니다. 이 경우 매도 대상 주택이 조정대상지역의 주택이라면 중과세율을 적용하게 되고, 주택 수를 어떻게 계산해야 하는지에 대한 고민해야 합니다. 많은 분이 오해하는 부분 중 하나가 바로 이 부분입니다. C주택을 장기임대주택으로 등록했기 때문에 주택 수에서 제외하는 오류가 많이 발생합니다. 앞에서도 살펴보았듯이 장기임대 등록된 주택의 경우에 중과대상 주택 수에서는 제외되지 않습니다. 때문에 양도를 한 세대가 보유하는 주택은 3주택이 되는 것이고, 3주택 중과세율을 적용하여야 합니다. 주택 수 제외와 중과세율 적용 제외를 정확하게 구분해야 하겠습니다.

이처럼 글자 수 7개에 불과한 '거주주택 비과세' 항목이라 하더라도 그 안에 담겨 있는 세부 내역을 하나씩 살펴보려면 많은 확인이 필요

---

9 서면-2018-법령해석재산-3457 , 2019.02.14

합니다. 양도차익이 클수록 비과세와 과세의 차이 금액은 클 수 있으므로 의사결정을 하였더라도 양도계약 체결 전에는 관련 전문가와 상담을 진행하기를 부탁드립니다.

농어촌 특별세

농어촌 특별세는 농업과 어업의 경쟁력을 강화하고, 농어촌 지역을 개발하여 농어촌기반시설의 확충을 위해 필요한 재원을 마련하기 위해 거두는 세금을 말합니다. 다른 법률에서 감면받은 세액이 있는 경우 그 감면받은 세액을 과세표준으로 하여 부과됩니다. 양도소득세와 관련한 농어촌 특별세는 양도소득세 100% 감면에 대하여 부과되는 농어촌 특별세가 있습니다.

관할 지자체에 임대 등록을 하고, 세무서에도 임대 등록을 하여 8년 이상 장기 임대를 하는 경우에는 양도차익의 50%를 장기보유공제를 해주지만, 10년 이상 장기 임대하는 경우에는 70%의 장기보유공제 또는 100%의 양도소득세 감면을 받을 수 있습니다. 이때 100%의 양도소득세 감면에 대하여 감면분의 20%만큼 농어촌 특별세를 납부하게 되는 것입니다. 10년간 장기 임대 등록을 하여 1억 원의 차익이 발생한 경우 70%의 장기보유공제를 하는 경우(A)와 100%의 양도소득세 감면을 받고, 20%만큼의 농어촌 특별세를 납부하는 경우(B)를 비교해 보겠습니다. 논의를 단순하게 하기 위하여 기본공제는 생략하고 계산합니다.

	A: 70% 장기 보유 공제	B: 양도소득세 100% 감면(농어촌특별세 20% 납부)
양도차익	1억 원	1억 원
장기보유공제	7,000만 원	–
과세표준	3,000만 원	1억 원
세율ⓐ	15%	35%
산출세액	342만 원ⓑ	2,010만 원
감면세액	–	(2,010만 원)
납부할 세액	342만 원	–
감면분에 대한 농어촌특별세	–	402만 원ⓒ

ⓐ 2018년 9월 13일 이전 취득으로 임대 등록된 주택에 대하여 중과세율
  이 적용되지 않음을 가정

ⓑ 산출세액 342만 원 = 3,000만 원×15% - 108만 원 = 342만 원

ⓒ 농어촌 특별세 = 2,010만 원×20% = 402만 원

이처럼 양도차익이 어떻게 발생하느냐에 따라 70%의 장기보유공제
와 100% 양도소득세 감면을 비교해도 70%의 장기보유공제가 양도와
관련한 세부담이 더 적게 발생할 수 있습니다.

개인지방소득세

양도소득세가 과세되는 경우 지방소득세를 납부하게 되는데, 양도소득세 산출세액의 10%에 해당하는 금액을 지방소득세로 납부하게 됩니다. 2019년과 비교하여 달라진 것으로 2020년 1월 1일부터는 개인 양도소득세와 지방소득세를 분리하여 신고하도록 하고 있습니다. 또한 양도일이 속하는 달의 말일로부터 2개월 후까지 신고하도록 되어 있는 양도소득세와 양도소득세에 대한 지방소득세는 양도소득세 신고 기한에 2개월을 연장하여 주소지 지방자치단체에 신고 납부하도록 하고 있습니다. 신고 대상이 다르므로 신고 서식도 별도로 작성해야 합니다.

주요용어 해설

양도: 자산에 대한 등기 또는 등록과 관계없이 매도, 교환, 법인에 대한 현물출자 등을 통하여 그 자산을 유상으로 사실상 이전하는 것이라고 법률상 정의되어 있다. 쉽게 말하면 금전을 받고 자산을 다른 사람에게 이전하는 모든 것을 양도라고 한다.

주택: 허가 여부나 공부상의 용도 구분에 관계없이 사실상 주거용으로 사용하는 건물을 「소득세법」상에서는 주택으로 본다. 용도가 분명하지 않으면 공부상 용도에 따르지만, 용도가 분명하지 않은 경우는 거의 없으므로 현황상 주택으로 사용하고 있다면 주택으로 보는 것이다. 이와 관련하여 오피스텔이 주택 여부인지가 이슈가 되는데, 주거용으로 사용하고 있다면 오피스텔도 주택으로 본다. 또한 다른 주택을 매도할 때에도 주택 수에 합산된다.

조합원 입주권: 「도시 및 주거환경정비법」 제74조에 따른 관리처분계획의 인가 및 「빈집 및 소규모 주택 정비에 관한 특례법」 제29조에 따른 사업시행계획 인가로 인하여 취득한 입주자로 선정된 지위를 말한다.

분양권: 무주택자인 세대주가 「주택법」에 따른 사업 계획의 승인을 받아 건설되는 주택을 취득할 수 있는 권리를 말한다.

1세대: 거주자 및 그 배우자가 같은 주소 또는 거소에서 생계를 같이 하는 자를 말한다. 이때 배우자는 법률상 이혼했으나 생계를 같이 하고 있으면 동일 세대로 본다. 또한 거주자, 그 배우자의 직계존비속 및 형제자매도 동일 세대에 포함된다.
취학, 질병의 요양, 근무상 또는 사업상의 형편으로 본래의 주소 또는 거소에서 일시 퇴거한 사람을 포함하여 판단한다. 또한 구체적으로 대통령령(「소득세법 시행령」)에서는 배우자가 없는 경우에도 1세대로 보는 내용을 규정하고 있다.

1) 나이가 30세 이상인 경우
2) 배우자가 사망하거나 이혼한 경우
3) 「국민기초생활보장법」에 따른 기준 중위소득의 40% 이상의 소득 금액으로 경제적으로 독립된 생계를 유지할 수 있는 경우 각각을 1세대로 본다.

양도소득세를 고려할 때 이와 같이 가장 기본이 되는 용어에 대하여 그 정의를 혼동하지 않아야 정확한 판단을 하고 산출되는 세금을 비교해볼 수 있다.

■ 양도소득세 계산구조

구분	내역	비고
양도가액(A)	실제 거래 금액	
취득 금액(B)	실제 거래 금액	매매사례가액, 감정가액, 환산가액
필요경비(C)	자본적 지출, 각종 수수료	
양도차익(D)	(D)=(A)−(B)−(C)	
9억초과 차익 환산(D1)	(D1)=(D)×(A−9억 원)÷(A)	1주택이 9억 원 초과 매도 시
장기보유특별공제(E)	보유기간에 따른 공제	116쪽 참고
양도소득(F)	(F)=(D)−(E)	
양도소득기본공제(G)	250만 원	
양도소득 과세표준(H)	(H)=(F)−(G)	
세율(I)	누진세율	(+10% 또는 +20% 중과세율), 2021년 6월 1일 이후 +20% 또는 +30% 중과세율
산출세액(J)	(J)=(H)×(I)	
지방소득세(K)	(K)=(J)×10%	

누진세율의 내역은 다음과 같다. 위 표에서 계산된 과세표준 금액에 따라 적용되는 세율이 다르며, 조정대상지역 주택 수에 따라 +10% 중과세율이 적용되기도 하고, +20% 중과세율이 적용되기도 한다.

과세표준	기본 세율	중과세율 +10%	중과세율 +20%	중과세율 +30%	누진공제
1,200만 원 이하	6%	16%	26%	36%	–
4,600만 원 이하	15%	25%	35%	45%	108만 원
8,800만 원 이하	24%	34%	44%	54%	522만 원
1억 5,000만 원 이하	35%	45%	55%	65%	1,490만 원
3억 원 이하	38%	48%	58%	68%	1,940만 원
5억 원 이하	40%	50%	60%	70%	2,540만 원
10억 원 이하	42%	52%	62%	72%	3,540만 원
10억 원 초과	45%	55%	65%	75%	6,540만 원

예시 1) **과세표준이 1억 원이 산출된 경우 기본 세율 양도소득세(지방소득세 별도)**

1) [1,200만 원×6%]+[(4,600만 원−1,200만 원)×15%]+[(8,800만 원−4,600만 원)×24%]+[(1억 원−8,800만 원)×35%]=2,010만 원

2) 1억 원×35%−1,490만 원=2,010만 원

예시 2) **과세표준이 1억 원이 산출된 경우 +10% 중과세율 양도소득세(지방소득세 별도)**

1) [1,200만 원×16%]+[(4,600만 원−1,200만 원)×25%]+[(8,800만 원−4,600만 원)×34%]+[(1억 원−8,800만 원)×45%]=3,010만 원

2) 1억 원×45%−1,490만 원=3,010만 원

위 기본 세율은 주택 또는 조합원 입주권의 경우 보유기간이 1년 이상인 경우에 적용된다. 또한 세법 개정으로 2021년 6월 1일 이후 양도분부터는 보유기간 2년을 충족하는 경우에 기본세율이 적용된다.

4장

부동산
상속과 절세

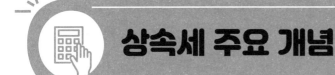

상속세 주요 개념

상속세는 국세 중 하나로, 물려받은 재산에 대해 부과하는 세금을 말합니다. 즉 사망으로 인하여 사망자(피상속인)의 재산이 상속인에게 이전되는 경우 그 재산의 금액을 기준으로 세금이 부과됩니다. 증여세와 가장 크게 구분되는 개념으로 상속세는 상속 대상 자산의 총액을 기준으로 상속인이 각자 받았거나 받을 재산을 한도로 공동으로 상속세를 납부하게 됩니다. 예를 들어 10억 원의 재산을 2명이 증여받는 경우에는 각 5억 원에 대해 증여세 납부의무가 발생합니다. 하지만 상속의 경우에는 10억 원을 기준으로 상속세의 납부의무가 발생하는 것입니다. 우리나라의 상속세는 누진세율의 구조를 갖추고 있어서 (실질)상속세율은 동일한 세율 체계를 가지고 있는 증여세에 비하여 높게 계산될 수 있습니다.

● 상속의 순위

상속의 순위를 「민법」에서 규정하고 있으며(「민법」 제1000조), 그 순서는 다음과 같습니다.

1순위 – 직계비속, 배우자

2순위 – 직계존속, 배우자

3순위 – 형제자매

4순위 – 4촌 이내의 방계혈족

이 순위를 정할 때 태아는 이미 출생한 것으로 봅니다. 또한 배우자의 경우에는 1순위인 직계비속이 있는 경우에 그 직계비속과 동일한 1순위가 되며, 직계비속이 없는 경우에 직계존속과 동일하게 공동상속인이 됩니다. 직계비속과 직계존속이 모두 존재하지 않는 경우에는 배우자가 단독상속인이 됩니다.

● 상속재산의 귀속

상속재산은 상속인간의 협의에 따르며, 협의가 되지 않는 경우에는 법률(「민법」 제1009조)에 의하여 배분하게 됩니다. 이때 배우자에 대해서는 법률로 재산 형성의 기여분에 대하여 일정 비율을 보장해주고 있으며, 그 비율은 50%가 됩니다. 상속의 순위에 따라 직계비속(자녀) 1인과 배우자가 상속하는 경우에는 자녀의 몫 1에 50%를 가산하여 '직계비속 1: 배우자 1.5'의 비율로 배분하는 것이며, 직계존속(부모) 2인과 배우자가 상속하는 경우에도 '아버지의 지분 1: 어머니의 지분 1: 배우자 지분 1.5'의 비율로 안분하게 됩니다.

전체 상속재산이 14억 원이고, 자녀 2명, 배우자가 공동으로 상속받는 경우에는 다음과 같이 배분됩니다.

자녀 1 = 14억 원×(본인 귀속분 1)÷(본인 귀속분 1+자녀 2 귀속분 1+배우자 귀속분 1.5)=4억 원

자녀 2 = 14억 원×(본인 귀속분 1)÷(본인 귀속분 1+자녀 1 귀속분 1+배우자 귀속분 1.5)=4억 원

배우자 귀속분 = 14억 원×(본인 귀속분 1.5)÷(자녀 1 귀속분 1+자녀 2 귀속분 1+배우자 귀속분 1.5)=6억 원

따라서 자녀 1은 4억 원, 자녀 2는 4억 원, 배우자는 6억 원의 상속재산을 협의해서 나누어 가지게 됩니다. 귀속된 결과 배우자는 다른 상속인에 비하여 50%(4억 원×50%=2억 원)를 더 상속받게 됩니다.

상속세 과세 대상

다른 세금과 마찬가지로 상속세도 상속재산 금액에서 각종 공제 금액을 차감한 후 그 잔액을 과세표준으로 하여 세율을 곱한 금액을 상속세액으로 정합니다. 여기에 세액공제를 차감한 금액이 납부할 세액이 됩니다. 이때 상속재산 금액은 다음 상속재산에 추정·간주 상속재산과 사전 증여재산을 가산한 금액으로 합니다.

● 본래의 상속재산

먼저 상속재산은 「상속세 및 증여세법」 제2조에서 정의하고 있습니다. '피상속인에게 귀속되는 모든 재산 금액'으로 피상속인의 사망으로 소멸되는 것은 제외합니다. 하지만 금전으로 환가할 수 있는 경제적 가치가 있는 모든 물건과 재산적 가치가 있는 법률상 또는 사실상의 권리까지도 상속재산에 포함하고 있습니다.

● 추정·간주 상속재산

상속은 상속재산 전체에 대하여 과세되는 것으로 피상속인에게 귀속되는 모든 재산적 가치분을 합산하여 상속재산으로 합니다. 피상속인의 사망으로 받는 보험금은 피상속인에 귀속되는 것이므로 당연히 상속재산에 포함합니다. 신탁재산의 경우에도 이익의 귀속자가 피상속인으로 되어 있다면 당연히 상속재산에 포함됩니다. 또한 사망 당시 직장에 소속되어 있다면 퇴직금이 발생하는 것이고, 그 퇴직금은 피상속인에게 귀속되는 것이므로 상속재산에 포함됩니다.

상속세는 피상속인의 재산 전체에 대하여 부과되는 세금으로 과세 대상이 되는 세대가 생각할 수 있는 가장 좋은 방법은 대상 자산을 줄이는 것입니다. 현금자산을 사용하거나, 채무를 부담하여 재산(순자산)을 감소하면 과세 대상 자산이 줄어들게 됩니다. 그러나 법에서는 이러한 부분도 고려하고 있습니다.

피상속인이 본인의 사망일은 알 수 없지만 상속재산을 줄이기 위하여 1년 이내에 2억 원 또는 2년 이내에 5억 원 이상의 재산을 처분하게 되는 경우 상속재산을 줄이기 위한 의도가 있다고 보고, 내역이 소명되지 않는다면 피상속인의 재산에서 제외되어 있더라도 상속재산에 가산하여 상속세를 계산합니다. 또한 채무는 상속재산에서 공제되는 것이나 1년 이내에 2억 원, 2년 이내에 5억 원 이상의 채무를 부담함으로써 상속재산을 줄였으나 그 채무의 용도가 명백하지 않은 경우에는 그 채무를 제외하고 계산합니다. 다만, 용도가 명백하지 않은 경우에만 가산하는 것으로 소명되지 않는 금액이 처분재산이나 부담하는 채무의 20%에 해당하는 금액과 2억 원 중 적은 금액을 차감한 잔액을 가산하게 됩니다. 따라서 1년 내 3억 원을 인출했어도 그 내역의 전체가 소명된다면, 상속재산에 가산되지 않습니다.

또한 이와 더불어 개인 간의 채무(국가, 지방자치단체 금융기관 외에 자에게 부담하는 채무)로서 실질적 변제 의사가 없는 채무로 상속재산에 가산합니다. 그 내용을 법률상에서 살펴보면 다음과 같습니다.

제15조(상속 개시일 전 처분재산 등의 상속 추정 등)

① 피상속인이 재산을 처분하였거나 채무를 부담한 경우로서 다음 각 호의 어느 하나에 해당하는 경우에는 이를 상속받은 것으로 추정하여 제13조에 따른 상속세 과세가액에 산입한다.

1. 피상속인이 재산을 처분하여 받은 금액이나 피상속인의 재산에서 인출한 금액이 상속 개시일 전 1년 이내에 재산 종류별로 계산하여 2억 원 이상인 경우와 상속 개시일 전 2년 이내에 재산 종류별로 계산하여 5억 원 이상인 경우로서 대통령령으로 정하는 바에 따라 용도가 객관적으로 명백하지 아니한 경우
2. 피상속인이 부담한 채무를 합친 금액이 상속 개시일 전 1년 이내에 2억 원 이상인 경우와 상속 개시일 전 2년 이내에 5억 원 이상인 경우로서 대통령령으로 정하는 바에 따라 용도가 객관적으로 명백하지 아니한 경우

② 피상속인이 국가, 지방자치단체 및 대통령령으로 정하는 금융회사 등이 아닌 자에 대하여 부담한 채무로서 대통령령으로 정하는 바에 따라 상속인이 변제할 의무가 없는 것으로 추정되는 경우에는 이를 제13조에 따른 상속세 과세가액에 산입한다.

③ 제1항제1호에 규정된 재산을 처분하여 받거나 재산에서 인출한 금액 등의 계산과 재산 종류별 구분에 관한 사항은 대통령령으로 정한다.

● 사전 증여재산

'추정·간주 상속재산'에서 현금 등을 사용하여 상속재산을 줄일 수 도 있지만, 또 다른 방법으로는 자녀 또는 그 외의 자에게 특정 자산을 증여하여 상속세 과세 대상 재산을 줄이는 경우가 있습니다. 상속세는 피상속인에게 귀속되는 재산을 과세 대상으로 하고 있으므로 분리세대를 구성하는 자녀가 소유하고 있는 재산의 경우에는 상속세 과세 대상에서 제외합니다. 그러나 특정 기간 이내에 증여를 하는 경우에는 상속세를 줄이기 위한 의도가 있다고 보고, 사전 증여재산이라고 하여 상속세의 과세 대상에서 합산하게 됩니다.

상속 개시일 전 10년 이내에 피상속인이 상속인에게 증여한 재산가액, 5년 이내에 피상속인이 상속인이 아닌 자에게 증여한 재산가액은 상속재산가액에 가산하여 상속세액은 계산합니다. 이때 합산되는 증여재산에 대하여 기납부한 증여세액은 계산된 상속세 산출세액에서 공제하여 이중과세를 방지합니다.

본래의 상속재산, 추정·간주의 상속재산, 사전 증여재산 항목을 모두 합산하여 상속세 과세 대상이라 하고, 상속세를 계산합니다.

상속세 계산 방법

상속세를 계산하는 방법을 살펴보면 총상속재산가액에서 비과세 대상 금액(과세가액불산입 금액 포함)을 차감한 후, 여기에 공과금과 채무 등의 금액을 차감한 금액이 상속세 과세가액이 됩니다. 이 상속세 과세가액에서 상속공제 금액과 감정평가 수수료 금액을 차감하면 상속세를 계산하기 위한 상속세 과세표준 금액이 산출됩니다.

● 상속공제 금액

상속공제 금액은 크게 기초 공제, 배우자 상속공제, 그 밖의 인적공제로 구분합니다.

기초 공제

2억 원을 기본금액으로 하며, 이와 별도로 가업상속 및 영농상속의 경우 별도로 고려합니다.

배우자 상속공제

배우자가 실제로 상속받는 금액(법정상속 지분)을 공제하지만, 다음 계산식에 의하여 계산한 금액을 한도(최대 30억 원)로 하여 공제합니다.

> 상속재산의 가액×배우자 법정상속지분-배우자가 사전 증여받은 재산에
>
> 대한 증여세 과세표준 금액

　이때 등기 등을 필요로 하는 재산의 경우에는 '배우자 상속재산 분할기간'인 상속세 신고기한으로부터 6개월까지 분할등기를 완료한 경우에 적용합니다.

　복잡한 위 계산에도 불구하고 배우자가 상속한 금액이 없거나 상속받은 금액이 5억 원 미만인 경우에는 5억 원을 공제합니다.

그 밖의 인적공제

1) 자녀 공제: 동거 여부를 불문하고, 인원수에 따라 1인당 5,000만 원을 공제합니다.

2) 미성년자 공제: 동거하던 가족 중 19세 미만인 자에 대하여 공제하며 19세까지 남은 연수에 대하여 1년당 1,000만 원으로 계산한 금액을 공제합니다.

3) 연로자 공제: 배우자를 제외한 상속인 및 동거가족 중 65세 이상에 해당하는 사람에 대해서는 1인당 5,000만 원을 공제합니다.

4) 장애인 공제: 통계청장이 승인하여 고시하는 통계표에 따라 기대여명의 연수에 1년당 1,000만 원을 곱하여 계산한 금액을 공제합니다.

　그러나 위의 계산에도 불구하고, 기초 공제 2억 원과 그 밖의 인적공

제의 합계액과 5억 원 중 큰 금액으로 공제할 수 있습니다. 따라서 아버지, 어머니, 자녀로 구성된 가정에서 아버지의 사망으로 상속이 이루어지는 경우 배우자 공제 5억 원과 일괄공제 5억 원을 적용하여 상속재산에서 10억 원이 공제 가능합니다.

금융재산 상속공제

상속재산 중에서 피상속인의 소유로 확인되는 금융회사 등으로부터 수령하게 되는 금융재산에 대해서는 금융채무 등을 차감한 금액(순금융재산가액) 기준으로 다음의 금액을 공제합니다.

순금융재산가액(금융채무 차감한 잔액)	금융재산 상속공제액
2,000만 원 이하	순금융재산가액
2,000만 원 초과	MAX(2,000만 원, 순금융재산가액×20%)

이때 금융재산 상속공제로 받을 수 있는 최대 한도 금액은 2억 원입니다.

동거주택 상속공제

상속 개시일 현재 무주택자로서 피상속인과 동거 중인 상속인이 상속 개시일로부터 소급하여 10년 이상 하나의 주택에서 동거한 1세대 1주택을 상속받는 경우에는 6억 원을 한도로 주택가액의 100%를 공제합니다. 이때 주택가격의 부수 토지를 포함하며, 해당 주택에 담보된 채무가 있는 경우에는 채무의 금액을 차감하여 계산합니다.

● 실제 사례를 통한 상속세의 계산

사례 1)

- **상속재산 : 주택 1(아파트 1) 11억 원, 주택 2(아파트 2) 10억 원, 금융자산 7억 원**

  가족구성 : 배우자, 자녀 2명(18세, 25세)

- **배우자는 법정지분율만큼 상속받는 경우로, 예상 상속세를 계산해보도록 하겠습니다.**

구분	금액	비고
상속세 과세가액(A)	28억 원	주택 1, 주택 2, 금융재산 합산
배우자 상속공제 금액(B)	(12억 원)	
일괄공제(C)	(5억 원)	
금융재산공제(D)	(1억 4,000만 원)	
과세표준(E)	9억 6,000만 원	(E) = (A)−(B)−(C)−(D)
세율	30%	
누진공제	6,000만 원	
산출세액(F)	2억 2,800만 원	
세액공제(G)	684만 원	신고세액공제 3%
납부할 상속세액(H)	2억 2,116만 원	(H) = (F)−(G)

배우자 상속공제 금액(B)

배우자의 법정 상속분은 자녀에 비하여 50% 할증한 금액으로 계산되므로 자녀 1과 자녀 2의 상속분을 각각 1이라고 하면 배우자는 1.5에 해당하는 금액이 법정상속분이 됩니다. 따라서 배우자 귀속분을 계산하면 다음과 같습니다.

배우자 귀속분=1.5÷[1(자녀1 귀속분)+1(자녀 2 귀속분)+1.5(배우자 귀속 분)]

배우자 법정상속분=1.5÷3.5=3÷7

또한 이 금액과 실제 상속받은 금액을 한도로 배우자 상속공제를 적용합니다.

⇨ 28억 원×3÷7=12억 원

일괄공제(C)

MAX(일괄공제 2억 원+기타 인적공제, 5억 원)=5억 원

⇨ 기타 인적공제 = 자녀공제 1억 원(1인당 5,000만원)+미성년자 공제 1,000만원

금융재산 공제(D)

7억 원×20%=1억 4,000만원

상속세 신고 납부

상속이 개시된 날이 속한 달의 마지막 날로부터 6개월 이내에 상속세에 대한 신고와 납부가 완료되어야 합니다. 납부할 세액이 있음에도 신고하지 않는 경우에는 3%에 해당하는 신고세액공제를 받을 수 없습니다. 또한 납부할 세액의 10~40%에 해당하는 무신고 가산세가 부과되며, 납부지연에 따른 가산세도 부과됩니다. 납부지연에 따른 가산세는 신고 및 납부 기한일로부터 1일당 0.025%로 계산된 금액을 납부하게 됩니다. 상속세의 경우에는 6개월의 기한을 부여하고 있으므로 기한 내에 신고 및 납부하는 것이 중요합니다. 또한 상속세의 경우 납부할 세액의 금액이 큰 경우가 많으므로 여러 가지 방법으로 납세의 편의를 도와주고 있습니다. 각 항목에 대하여 살펴보겠습니다.

● 분할납부

납부할 세액이 1,000만 원을 초과하는 경우에는 「상속세 및 증여세법」 제70조 및 「상속세 및 증여세법 시행령」 제66조의 규정에 따라 분납할 수 있습니다. 분납의 기한은 납부 기한(상속일이 속하는 달의 말일로부터 6개월 이내) 경과 후 2개월이 됩니다. 이때 분납 가능한 금액은 다음과 같습니다.

1) 납부할 세액이 2,000만 원 이하인 경우에는 1,000만 원을 초과하는 금액에 대하여 분납 가능

2) 납부할 세액이 2,000만 원을 초과하는 경우에는 계산된 납부할 세액의 100분의 50 이하의 금액을 분납 가능

● 연부연납

납부할 세액이 2,000만 원을 초과하는 경우에는 「상속세 및 증여세법」 제71조 및 「상속세 및 증여세법 시행령」 제67조의 규정에 따라 연부연납을 할 수 있습니다(최대 5년 이내). 다만, 연부연납을 하기 위해서 납세자는 관할 세무서에 담보를 제공해야 하며, 회차별로 분납하는 세액이 1,000만 원을 초과하도록 연부연납 기간을 정해야 합니다. 이때 연부연납에 대해서는 2020년 기준 가산이자율 1.8%를 적용하여 계산한 금액을 함께 납부하게 됩니다.

● 물납

상속세의 경우에는 과세 대상 재산이 크기 때문에 계산되는 상속세액도 크게 됩니다. 또한 현금만으로 상속되는 것이 아니고, 현물이 상속 재산이 되는 경우도 매우 많습니다(주택, 토지, 주식 등). 따라서 계산된 상속세액이 현금보다 더 많은 경우도 자주 발생하게 됩니다. 이에 법

률에서는 납세자의 편의를 위하여 세무서장의 허가를 받아 물납으로 상속세를 납부할 수 있도록 규정하고 있습니다.

이때 물납이 가능한 경우는 다음과 같습니다.

1) 상속재산 중 부동산과 유가증권의 가액이 해당 상속재산가액의 2분의 1을 초과할 것
2) 상속세 납부세액이 2,000만 원을 초과할 것
3) 상속세 납부세액이 상속재산가액 중 금융재산의 가액을 초과할 것

● 상속받은 주택의 양도소득세

세법 상담을 진행하다 보면, 상속받은 주택을 보유하고 있는 경우의 양도소득세와 관련한 상담이 제법 많이 있습니다. 이와 관련한 내용을 살펴보도록 하겠습니다.

세법상 상속주택의 정의

상속주택이란 상속으로 인하여 소유권이 이전된 주택을 의미하며, 조합원 입주권 또는 분양권을 상속받아 사업시행 완료 후 취득한 신축 주택까지도 포함합니다. 또한 피상속인(사망한 사람)이 상속개시 당시 2채 이상의 주택을 소유한 경우에는 다음의 조건에 따른 1주택만을 의미합니다.

1) 피상속인이 소유한 기간이 가장 긴 1주택

2) 피상속인이 소유한 주택이 2채 이상인 경우에는 피상속인이 거주한 기간이 가장 긴 1주택

3) 피상속인이 소유한 기간 및 거주한 기간이 모두 같은 경우에는 피상속인이 상속개시일 당시 거주한 1주택

4) 피상속인이 거주한 사실이 없는 주택으로서 소유한 기간이 같은 주택이 2채 이상인 경우에는 기준시가가 가장 높은 1주택(기준시가까지도 같은 경우에는 상속인이 선택하는 1주택)

일반주택을 매도하는 경우(일반주택+상속주택)

상속은 뜻하지 않은 사건이므로 일반주택을 보유 중에 주택을 상속받게 되는 경우 일시적 2주택의 조건을 적용하여 예외 규정을 두고 있습니다. 그 예외 규정은 세법에서 정의하는 '상속주택'을 실제 상속받게 되면, 이전부터 보유하고 있던 일반주택을 먼저 매도하는 경우에 일시적 2주택의 하나로 보고 비과세를 적용합니다. 이때 상속일로부터 얼마의 기한 내에 매도해야 하는지에 대한 규정은 없으며, 일반주택을 먼저 매도하면 됩니다. 물론 매도 대상인 일반주택의 비과세 요건(조정대상지역의 경우 2년의 거주 요건 등)은 만족한 상태에서 일반주택의 매도를 진행해야 합니다.

상속주택을 매도하는 경우

일반주택은 계속하여 보유 또는 거주를 하며, 상속주택을 먼저 매도하는 경우가 있습니다. 이때에는 2가지를 구분하여 살펴보겠습니다.

1) 상속개시일로부터 6개월 이내에 매도하는 경우

상속세의 신고기한은 상속개시일이 속하는 달의 말일로부터 6개월 이내입니다. 이 기간 중에 실제 상속받은 주택을 매도하는 경우에는 상속세 신고를 실제 매매가격으로 기재합니다. 상속재산의 평가를 상속개시일의 6개월 전부터 6개월 후까지 매매사례가액을 참고하도록 되어 있기 때문입니다.

따라서 피상속인이 취득 당시보다 시세가 많이 오른 주택을 상속개시일 전후로 매도한다면 상속세 신고와 양도소득세 신고가 이루어져야 합니다. 경우에 따라 상속세의 부담이 증가할 수도 있습니다.

다만, 상속개시일로부터 6개월 이내에 매도하는 경우라면, 그 매도 대상인 주택의 취득가격이 상속세 신고가액으로 결정되기에 양도소득세는 발생하지 않습니다. 따라서 상속주택 외의 다른 재산이 없으며, 상속주택이 10억 원 전후라면 매매금액으로 신고하는 경우에 실제 세 부담은 그리 크게 발생하지 않습니다.

2) 상속개시일로부터 6개월 후 매도하는 경우

상속개시일로부터 6개월이 지나서 매도하는 경우라면 이미 상속세의 신고는 완료되었을 것이고, 해당 주택에 대한 시세 변동으로 인하여 매매금액도 달라질 것입니다. 따라서 양도차익이 발생하게 되고, 그에 따른 양도소득세를 납부하게 됩니다.

해당 상속주택이 매도 당시에 조정대상지역에 소재하는 주택인 경우에는 중과세 대상인지도 판단해야 합니다. 이와 관련해서도 시행령에서 규정하고 있는 바, 조정대상지역의 상속주택이라 하더라도 상속받은 날로부터 5년이 지나지 않는 상태에서 매도하는 경우라면 조정대상지역의 다주택자라 하더라도 중과대상이 되지 않습니다.

5년이 지난 후 매도하는 경우라면, 다른 주택의 소유 여부에 따라 중과세율 적용 대상이 될 수도 있습니다.

소득세법 시행령 제167조의3(1세대 3주택 이상에 해당하는 주택의 범위) ①법 제104조제7항제3호에서 "대통령령으로 정하는 1세대 3주택 이상에 해당하는 주택"이란 국내에 주택을 3개 이상(제1호에 해당하는 주택은 주택의 수를 계산할 때 산입하지 않는다) 소유하고 있는 1세대가 소유하는 주택으로서 다음 각 호의 어느 하나에 해당하지 않는 주택을 말한다.

7. 제155조제2항에 해당하는 상속받은 주택(상속받은 날부터 5년이 경과하지 아니한 경우에 한정한다)

📖 주요용어 해설 ─────────────

누진세율: 과세표준 금액이 증가함에 따라서 적용되는 세율이 높아지는 세율 구조이다. 누진세율은 과세표준이 증가함에 따라 단순히 고율의 세율을 적용하는 단순누진세율과 과세표준을 단계적으로 구분해서 순차적으로 고율의 세율을 적용하는 초과누진세율로 나뉜다. 누진세율을 채용하고 있는 대표적인 조세로는 소득세·법인세·상속세 및 증여세가 있다.

상속세 과세가액불산입: 상속재산 중에서 상속 개시 전 6월 이내에 공익법인 등에 출연한 재산에 대하여는 상속세를 과세하지 않기 위하여 상속세 과세가액에서 공제하는 것을 말한다.

동거주택상속공제: 일명 효도공제라 부르는 제도이다. 즉 10년 이상 부모님을 모시고 산 자녀(자녀는 무주택, 부모는 1주택)가 그 집을 상속받을 때 상속세 부담을 줄여주는 공제 제도이다.

5장

부동산
증여와 절세

증여세 과세 대상

타인으로부터 재산을 무상으로 받는 경우에도 세금을 납부하게 되는데, 이를 증여세라고 합니다. 법률상 정의를 살펴보면「상속세 및 증여세법」제2조에서 '그 행위 또는 거래의 명칭·형식·목적 등과 관계없이 직접 또는 간접적인 방법으로 타인에게 무상(無償)으로 유형·무형의 재산 또는 이익을 이전(移轉, 현저히 낮은 대가를 받고 이전하는 경우를 포함한다)하거나 타인의 재산 가치를 증가시키는 것을 말한다'고 규정하고 있습니다. 양도와 가장 대비되는 것으로 양도는 유상(有償) 거래이고, 증여는 무상(無償) 거래입니다.

● 증여추정

최근 들어 투기과열지구와 투기 지역을 포함한 조정대상지역에서 부동산의 거래 신고와 관련하여 '자금조달 계획서'를 작성해서 제출해야 하며, 해당 서식에는 자금이 형성된 근거를 기재하도록 하고 있습니다. 이와 관련하여 법률상의 내역을 살펴보면 다음과 같습니다.

먼저,「상속세 및 증여세법」제45조에서는 다음과 같이 규정하고 있습니다.

제45조(재산 취득자금 등의 증여 추정)

① 재산 취득자의 직업, 연령, 소득 및 재산 상태 등으로 볼 때 재산을 자력으로 취득하였다고 인정하기 어려운 경우로서 대통령령으로 정하는 경우에는 그 재산을 취득한 때에 그 재산의 취득자금을 그 재산 취득자가 증여받은 것으로 추정하여 이를 그 재산 취득자의 증여재산가액으로 한다.

② 채무자의 직업, 연령, 소득, 재산 상태 등으로 볼 때 채무를 자력으로 상환(일부 상환을 포함한다. 이하 이 항에서 같다)하였다고 인정하기 어려운 경우로서 대통령령으로 정하는 경우에는 그 채무를 상환한 때에 그 상환자금을 그 채무자가 증여받은 것으로 추정하여 이를 그 채무자의 증여재산가액으로 한다.

③ 취득자금 또는 상환자금이 직업, 연령, 소득, 재산 상태 등을 고려하여 대통령령으로 정하는 금액 이하인 경우와 취득자금 또는 상환자금의 출처에 관한 충분한 소명(疏明)이 있는 경우에는 제1항과 제2항을 적용하지 아니한다.

④ 「금융실명거래 및 비밀보장에 관한 법률」 제3조에 따라 실명이 확인된 계좌 또는 외국의 관계 법령에 따라 이와 유사한 방법으로 실명이 확인된 계좌에 보유하고 있는 재산은 명의자가 그 재산을 취득한 것으로 추정하여 제1항을 적용한다.

제1항과 제2항에서 각각 재산을 취득하거나, 채무를 상환한 경우에 직업, 연령, 소득 및 재산 상태 등으로 보아 자력으로 취득하거나 상환했다고 인정하기 어려운 경우에 '증여받은 것으로 추정'하고, 증여세의 과세 대상이 될 수 있습니다. 다만, 제3항에서 특정 금액 이하이거나 취득자금 또는 상환자금의 출처에 충분한 소명이 있는 경우에 소명대상에서 제외하고 있습니다. 이에 대해서는 「상속세 및 증여세법 시행령」 제34조에서 구체적으로 살펴보겠습니다.

제34조(재산 취득자금 등의 증여추정)

① 법 제45조제1항 및 제2항에서 "대통령령으로 정하는 경우"란 다음 각 호에 따라 입증된 금액의 합계액이 취득재산의 가액 또는 채무의 상환금액에 미달하는 경우를 말한다. 다만, 입증되지 아니하는 금액이 취득재산의 가액 또는 채무의 상환 금액의 100분의 20에 상당하는 금액과 2억 원 중 적은 금액에 미달하는 경우를 제외한다.

1. 신고하였거나 과세(비과세 또는 감면받은 경우를 포함한다. 이하 이 조에서 같다)받은 소득 금액
2. 신고하였거나 과세받은 상속 또는 수증재산의 가액
3. 재산을 처분한 대가로 받은 금전이나 부채를 부담하고 받은 금전으로 당해 재산의 취득 또는 당해 채무의 상환에 직접 사용한 금액

② 법 제45조제3항에서 "대통령령으로 정하는 금액"이란 재산취득일 전 또는 채무상환일 전 10년 이내에 해당 재산 취득자금 또는 해당 채무 상환자금의 합계액이 5,000만 원 이상으로서 연령·직업·재산상태·사회경제적 지위 등을 고려하여 국세청장이 정하는 금액을 말한다.

「상속세 및 증여세법 시행령」 제34조에서 증여받은 사람이 취득자금으로 주장할 수 있는 내역을 구체적으로 기재하고 있습니다. 과세관청에 이미 신고했거나 세금을 이미 납부 완료한 소득 금액, 이미 상속이나 증여로 신고한 금액, 보유하고 있던 재산을 처분한 대가로 받은 금전이나 실제 차입 사실이 확인되는 금전으로 직접 사용한 금액은 전체 금액을 소명 가능한 금액으로 규정하고 있습니다.

해당 내역은 「상속세 및 증여세법」 집행기준 45-0-5 '재산취득자금 등의 자금출처 입증금액의 범위'에서 규정하고 있으며 다음과 같습니다.

1) 본인 소유재산의 처분 사실이 증빙에 의하여 확인되는 경우 그 처분 금액에서 양도소득세 등 공과금 상당액을 차감한 금액
2) 기타 신고하였거나 과세된 소득 금액에서 당해 소득에 대한 소득세 등 공과금 상당액을 차감한 금액
3) 농지경작 소득
4) 재산취득일 이전에 차용한 부채로서 입증된 금액
5) 재산취득일 이전에 자기재산의 대여로서 받은 전세금 및 보증금

2)의 항목이 중요한데, 우리는 자금조달 계획서를 쓸 때 소득 금액 기준으로 고려합니다. 그러나 우리는 월급을 받을 때 소득세와 더불어 4대보험까지도 차감한 세후 금액을 수령하게 됩니다. 이처럼 생각하고 있는 소득 금액보다 소명 가능한 금액이 적을 수 있다는 것을 명심해야 하겠습니다.

또한 「상속세 및 증여세법 시행령」 제34조2항에서 규정하고 있는 국세청장이 정하는 금액은 「상속세 및 증여세법」 집행기준 45-34-3에서 정하고 있으며 그 기준 금액은 다음과 같습니다.

「상속세 및 증여세법」 집행기준 45-34-3 자금출처 증여추정 배제기준

구분	취득재산		채무상환	총액한도
	주택	기타재산		
1. 세대주인 경우				
가. 30세 이상인 자	2억 원	5,000만 원	5,000만 원	2억 5,000만 원
나. 40세 이상인 자	4억 원	1억 원		5억 원
2. 세대주가 아닌 경우				
가. 30세 이상인 자	1억 원	5,000만 원	5,000만 원	1억 5,000만 원
나. 40세 이상인 자	2억 원	1억 원		3억 원
3. 30세 미만인 자				
	5,000만 원	5,000만 원	5,000만 원	1억 원

이는 자금출처의 대상이 될 수 있는 최소한의 금액이며, 「상속세 및 증여세법 시행령」 제34조제1항 단서 부분에서 언급하고 있듯이 미소명 금액이 전체 취득 금액(채무상환 금액)의 100분의 20과 2억 원 중 적은 금액이라면 추가적인 소명에서 제외될 수 있습니다. 그러나 최근 부동산 가격의 상승으로 많은 경우에 거래 금액이 집행기준의 기준 금액을 초과하고 있으므로 언제든지 대상이 될 수 있다는 것을 생각하고, 그 조사의 근거가 되는 '자금조달 계획서'를 잘 써야 합니다.

● 특수관계자 간의 자금 차입거래

자금조달 계획서를 쓰다 보면, 취득 대상 자산에 비하여 소명 가능한 자금이 부족할 수 있습니다. 그러면 특수관계자(부모님 등)와의 자금 거래를 생각하게 됩니다. 그러나 이 부분에 대해서도 「상속세 및 증여세법」에서는 이미 규정하고 있습니다. 그러나 각자의 해석 방식이 다름으로 인해 혼란이 많습니다. 차례로 살펴보도록 하겠습니다.

먼저 「상속세 및 증여세법」 제41조의4 및 「상속세 및 증여세법 시행령」 제31조의4를 보면 다음과 같습니다.

> **상속세 및 증여세법 제41조의4**(금전 무상대출 등에 따른 이익의 증여)
> ① 타인으로부터 금전을 무상으로 또는 적정 이자율보다 낮은 이자율로 대출받은 경우에는 그 금전을 대출받은 날에 다음 각 호의 구분에 따른 금액을 그 금전을 대출받은 자의 증여재산가액으로 한다. 다만, 다음 각 호의 구분

에 따른 금액이 대통령령으로 정하는 기준 금액 미만인 경우는 제외한다.

1. 무상으로 대출받은 경우: 대출금액에 적정 이자율을 곱하여 계산한 금액
2. 적정 이자율보다 낮은 이자율로 대출받은 경우: 대출금액에 적정 이자율을 곱하여 계산한 금액에서 실제 지급한 이자 상당액을 뺀 금액

② 제1항을 적용할 때 대출기간이 정해지지 아니한 경우에는 그 대출기간을 1년으로 보고, 대출기간이 1년 이상인 경우에는 1년이 되는 날의 다음 날에 매년 새로 대출받은 것으로 보아 해당 증여재산가액을 계산한다.

③ 특수관계인이 아닌 자 간의 거래인 경우에는 거래의 관행상 정당한 사유가 없는 경우에 한정하여 제1항을 적용한다.

④ 제1항에 따른 적정 이자율, 증여일의 판단 및 그 밖에 필요한 사항은 대통령령으로 정한다.

상속세 및 증여세법 시행령 제31조의4(금전 무상대출 등에 따른 이익의 계산 방법 등)
① 법 제41조의4제1항 각 호 외의 부분 본문에서 "적정 이자율"이란 당좌대출 이자율을 고려하여 기획재정부령으로 정하는 이자율을 말한다. 다만, 법인으로부터 대출받은 경우에는 「법인세법 시행령」 제89조제3항에 따른 이자율을 적정 이자율로 본다.

② 법 제41조의4제1항 각 호 외의 부분 단서에서 "대통령령으로 정하는 기준 금액"이란 1,000만 원을 말한다.

③ 법 제41조의4제1항에 따른 이익은 금전을 대출받은 날(여러 차례 나누어 대부받은 경우에는 각각의 대출받은 날을 말한다)을 기준으로 계산한다.

이때 당좌대출 이자율을 고려하여 기획재정부령으로 정하는 이자율은 연간 4.6%입니다. 따라서 다음과 같이 계산됩니다.

특수관계자로부터의 차입 금액×(4.6%- 실제 이자율) < 1,000만 원

이때 이자를 지급하지 않는 경우 가능한 차입 금액을 계산하면 2억 1,739만 1,304원*이 됩니다.

*차입 금액×(4.6%-0%)=<1,000만 원

　차입 금액×4.6%=1,000만 원

　차입 금액=1,000만 원÷4.6 %=2억 1,739만 1,304원

이 계산의 결과로 2억 원 이내의 금액에 대해서는 이자를 지급하지 않아도 증여세 부담이 없다는 이야기를 많이 합니다. 그러나 금전 무상 대출을 특수관계자 간에도 인정할 수 있는지에 대하여 「상속세 및 증여세법」 기본통칙 45-34-1 '자금출처로 인정되는 경우'에 그 내용이 나와 있습니다.

상속세 및 증여세법 45-34-1(자금출처로 인정되는 경우)

① 영 제34조제1항 각 호에 따라 입증된 금액은 다음 각 호의 구분에 따른다.

1. 본인 소유재산의 처분사실이 증빙에 따라 확인되는 경우 그 처분 금액(그 금액이 불분명한 경우에는 법 제60조부터 제66조까지에 따라 평가한 가액)에서 양도소득세 등 공과금 상당액을 뺀 금액
2. 기타 신고하였거나 과세받은 소득 금액은 그 소득에 대한 소득세 등 공과금 상당액을 뺀 금액
3. 농지경작소득
4. 재산취득일 이전에 차용한 부채로서 영 제10조 규정의 방법에 따라 입증된

> 금액. 다만, 원칙적으로 배우자 및 직계존비속 간의 소비대차는 인정하지 아니한다.
> 5. 재산취득일 이전에 자기재산의 대여로서 받은 전세금 및 보증금
> 6. 제1호 내지 제5호 이외의 경우로서 자금출처가 명백하게 확인되는 금액
>
> ② 제1항에 따라 자금출처를 입증할 때 그 재산의 취득자금을 증여받은 재산으로 하여 자금출처를 입증하는 경우에는 영 제34조제1항 단서의 규정을 적용하지 아니한다.

위 규정을 살펴보면 원칙적으로 배우자 및 직계존비속 간의 소비대차(빌려주는 사람이 금전을 빌려주고, 빌리는 사람은 빌린 금액과 동일한 금전 또는 동일한 가치를 지니는 물건을 반환할 것을 약속하는 계약)는 인정하지 않는다고 명확하게 규정되어 있습니다. 다만 차용증을 작성하고, 이자 지급 내역이 명확하게 증빙되고, 이자수입에 대하여 지방소득세를 포함한 27.5%의 세율로 원천징수한 내역이 소명되는 경우에 한하여 특수관계자 간에도 소비대차가 인정될 수 있습니다. 실질이 차입한 금액인지 그렇지 않으면 무상으로 받은 금액인지에 대하여 소명이 명확해야 합니다.

● 저가 양수 또는 고가 양도거래로 인한 증여세

재산을 시가보다 낮은 가액으로 양수하거나 시가보다 높은 가액으로 양도하는 경우에는 어느 한쪽이 재산상의 이득을 취한 것으로 보고

증여세의 과세 대상이 될 수 있습니다. 이때 특수관계자 거래라면 시가와 거래가격의 차이가 시가의 30%를 초과하거나 시가와 거래가격의 차액이 3억 원을 초과하는 경우를 그 대상으로 하고 있습니다. 또한 특수관계자 외의 거래라면 3억 원의 기준이 없이 시가와 거래가격의 차액이 시가의 30%를 초과하는 경우를 그 대상으로 하고 있습니다. 양도와 증여가 구분되는 가장 큰 기준이 유상거래(양도)인지 무상거래(증여)인지로 구분하는 것이지만, 유상거래를 했음에도 시가와의 차이가 큰 경우에는 증여로 추정이 될 수 있습니다.

즉 특수관계자와의 거래에서 시가 15억 원의 주택(아파트)을 거래하는 경우에 10억 원으로 양도거래를 했을 경우 10억 원으로 취득한 해당 주택을 다음 날 바로 15억 원에 매도하는 경우, 양도소득세 등 다른 세금 계산 전으로 2억 원*의 이익이 발생한 것으로 보는 것입니다.

*시가 15억 원-거래가격 10억 원-Min(15억 원×30% 또는 3억 원)
=2억 원

특수관계자와의 거래이므로 시가와 거래가격의 차액 5억 원이 ① 시가의 30%(15억 원×30%=4억 5,000만 원)를 초과하는지, 또는 ② 3억 원을 초과하는지를 확인합니다. 둘 중 하나의 경우만 만족해도 저가 양수에 따른 증여세 문제가 발생하며, 이때 증여받은 금액은 시가 15억 원에서 실제 거래가격 10억 원을 차감한 금액 중에서 적은 금액을 차감할 금액으로 정합니다.

① 시가의 30%=15억 원×30%=4억 5,000만 원

② 3억 원

　따라서 2억 원을 증여재산가액으로 하여 그에 따른 증여세가 추징될 수 있습니다. 매도하는 사람의 양도세는 별도이며, 매수하는 사람이 이익을 본 것으로 보고 매수하는 사람이 증여세를 납부하게 될 수도 있습니다. 또한 매도자 입장에서는 양도소득세를 부담하게 되는데, 이때에는 특수관계자와의 거래로 인해 부당하게 세부담을 감소시킨 것으로 봅니다. 그 기준 금액은 시가와 거래가격의 차이가 3억 원 이상이거나 시가의 5%에 상당하는 금액 이상인 경우입니다. 즉 유상 거래를 했음에도 거래 금액을 저가로 양도하게 되면 매도자로서는 양도세 부담, 매수자로서는 증여세의 부담을 지게 되는 것입니다.

　반대의 경우로, 시가 15억 원의 주택(아파트)을 20억 원에 양도거래를 하는 경우에는 매도자가 매수자에게 2억 원*의 이익을 증여한 것으로 봅니다.

*거래 금액 20억 원-시가 15억 원-Min(15억 원×30% 또는 3억 원)

=2억 원

　이 경우에는 매도자가 양도세도 부담하고 2억 원의 이익에 대한 증여세도 부담하게 됩니다. 특수관계자 간의 거래(타인 간의 거래의 경우에도)에서 시가와 유의미한 차이가 나는 거래의 경우에는 유의해야 합니다.

증여세의 계산 방법

증여세를 계산하는 방법은 증여재산 금액에 증여재산공제액을 차감하여 과세표준 금액을 구합니다. 여기에 「상속세 및 증여세법」에 제시된 세율을 곱해서 계산합니다. 이렇게 계산된 산출세액에 세액공제를 차감한 금액을 납부하게 됩니다.

● 증여재산의 평가

증여받은 재산은 증여받은 당시의 시가로 평가합니다. 시가란 불특정 다수인 사이에 자유롭게 거래가 이루어지는 경우에 일반적으로 성립된다고 인정되는 가액으로 매매사례가액, 감정가액의 평균액, 수용가액과 동일·유사재산의 매매가액 등을 고려해 평가합니다. 아파트의 경우에는 국토교통부에 신고된 실거래 매매가액을 참고로 사용할 수 있습니다.

● 채무액과 증여재산가산액

증여받은 재산에 담보된 증여자의 채무로서 수증자가 인수한 금액은 실질적으로 수증자가 인수한 것으로 보고 증여재산 금액에서 차감합니다. 이런 이유로 부담부증여가 단순증여보다 유리합니다. 증여 금액이 낮아지기 때문입니다.

그러나 증여일을 기준으로 10년 이내에 동일인으로부터 받은 증여재산가액이 1,000만 원을 초과하는 경우에는 그 금액을 증여세 과세가액에 가산하여 산출합니다. 이렇게 계산한 금액을 '증여세과세가액'이라고 합니다.

● 증여재산공제

증여재산공제 금액을 차감합니다. 증여재산을 증여자 기준으로 다음의 금액을 차감합니다.

증여자	공제 금액
배우자	6억 원
직계존속	5,000만 원(수증자가 미성년자인 경우에는 2,000만 원)
직계비속	5,000만 원
기타 친족	1,000만 원

이때 기타 친족은 배우자, 직계존비속을 제외한 6촌 이내의 혈족, 4촌 이내의 인척을 말합니다.

증여재산공제의 사례

사례 1) 성인인 자녀가 아버지로부터 2015년에 3,000만 원을 증여받고, 2020년에 3,000만 원을 증여받은 경우에는 10년 합산한 금액 기준으로 5,000만 원을 공제하고 1,000만 원이 증여세 과세표준이 됩니다.

사례 2) 성인인 자녀가 아버지로부터 4,000만 원을 증여받고, 어머니로부터 4,000만 원을 증여받는 경우에는 직계존속으로부터 증여받는 경우이므로 5,000만 원을 공제하고 3,000만 원이 증여세 과세표준 금액이 됩니다.

사례 3) 성인인 자녀가 아버지로부터 6,000만 원을 증여받고, 삼촌으로부터 1,000만 원을 증여받는 경우에는 직계존속(아버지)로부터 받은 금액에 대하여 공제 금액 5,000만 원을 공제하고, 기타 친족(삼촌)으로부터 받은 금액에 대하여 1,000만 원을 공제한 금액이 증여세 과세표준 금액이 됩니다.

● 증여세율

「상속세 및 증여세법」 제26조에서 규정하고 있는 상속세의 세율을 동일하게 사용하며 다음과 같습니다.

누진공제 방식

과세표준	세율	누진공제
1억 원 이하	10%	–
5억 원 이하	20%	1,000만 원
10억 원 이하	30%	6,000만 원
30억 원 이하	40%	1억 6,000만 원
30억 원 초과	50%	4억 6,000만 원

법률상의 내역

과세표준	세율
1억 원 이하	과세표준의 10%
5억 원 이하	1,000만 원+1억 원을 초과하는 금액의 20%
10억 원 이하	9,000만 원+5억 원을 초과하는 금액의 30%
30억 원 이하	2억 4,000만 원+10억 원을 초과하는 금액의 40%
30억 원 초과	10억 4,000만 원+30억 원을 초과하는 금액의 50%

증여 금액이 2억 원인 경우 누진공제 방식과 법률상의 내역으로 계산하면 다음과 같습니다.

누진공제 방식: 2억 원×20%-1,000만 원=3,000만 원

법률상의 계산 방식: 1,000만 원+「(2억 원-1억 원)×20%」=3,000만 원

● 세액공제

증여세 신고 기한 이내에 신고하는 경우에는 산출세액에서 3%의 금액을 신고세액 공제 금액으로 감면받을 수 있습니다.

증여세율을 통하여 계산하는 경우 누진공제 방식이든 법률상의 방식이든 동일한 결과가 나옵니다. 일반적으로 누진공제 방식이 간편하기 때문에 많이 사용하며 이렇게 계산한 금액을 산출세액이라고 합니다. 산출세액에서 증여세액공제 금액을 차감한 금액을 납부할 세액이라고 합니다.

납부할 세액＝산출세액−신고세액공제 금액

　　　　＝산출세액−산출세액×3%

증여세의 신고 납부 방법

증여일이 속한 달의 마지막 날로부터 3개월 이내에 증여세에 대해 신고하고 납부도 완료해야 합니다. 성인인 자녀가 아버지로부터 부동산 5억 원을 증여받아 신고하는 경우 증여세 과세표준 및 세액 계산서를 작성해보도록 하겠습니다(서식 5-1).

수증자, 증여자, 세무대리인란에는 각 기본 정보를 기재합니다. 재산 구분 코드(⑰)에는 「상속세 및 증여세법 시행규칙」 별지 제10호 서식 2페이지의 증여재산 코드를 참고하여 A11(증여재산)을 기재합니다. 증여재산 구분 코드는 다음과 같습니다.

재산 구분	증여 재산	증여 재산 (영농 농지)	증여 재산 가산	비과세 재산 (금양 임야)	비과세 재산 (문화재 등)	비과세 재산 (기타)	과세가액 불산입 (공익법인 출연재산)	과세가액 불산입 (공익 신탁재산)	과세가액 불산입 (장애인 신탁재산)
코드	A11	A14	A21	B11	B12	B13	B21	B22	B23

㉔ 증여재산가액에는 아파트의 매매 사례 금액 5억 원을 기재합니다. 비과세 재산가액 등이 없으므로 증여재산가액이 ㉛ 증여세 과세가액이 됩니다. 다음으로 직계존속으로부터 증여받았으므로 증여재산공제 5,000만 원을 차감합니다. 증여세 과세가액에서 증여재산공제를 차감하면, 증여세 ㊲ 과세표준은 4억 5,000만 원이 됩니다.

〈서식 5-1〉「상속세 및 증여세법 시행규칙」 별지 제10호 서식(개정 2020년 3월 13일)

[별지 제10호서식] 〈개정 2020. 3. 13.〉

관리번호	-

증여세과세표준신고 및 자진납부계산서
(기본세율 적용 증여재산 신고용)

[ ]기한 내 신고 [ ]수정신고 [ ]기한 후 신고

※ 뒤쪽의 작성방법을 읽고 작성하시기 바랍니다. (앞쪽)

수증자	① 성 명	홍동길	② 주민등록번호	5xxxxx-xxxxxxx	③ 거 주 구 분	[ ] 거주자 [ ]비거주자
	④ 주 소	xxx			⑤ 전자우편주소	
	⑥ 전화번호	(자 택)	(휴대전화)		⑦ 증여자와의 관계	
증여자	⑧ 성 명	홍길동	⑨ 주민등록번호		⑩ 증 여 일 자	2021. 4. 20
	⑪ 주 소	서울 종로구 xxx			⑫ 전 화 번 호	(자 택) (휴대전화)
세 무 대리인	⑬ 성 명		⑭ 사업자등록번호		⑮ 관 리 번 호	
	⑯ 전화번호	(사무실)	(휴대전화)			

구 분		금 액	구 분		금 액
⑰ 증 여 재 산 가 액		500,000,000	세액공제	㊲ 세 액 공 제 합 계 (㊳ + ㊴ + ㊵ + ㊶)	
⑱ 비 과 세 재 산 가 액				㊳ 기 납 부 세 액 (「상속세 및 증여세법」 제58조)	
과세가액 불산입	⑲ 공익법인 출연재산가액 (「상속세 및 증여세법」 제48조)			㊴ 외 국 납 부 세 액 공 제 (「상속세 및 증여세법」 제59조)	
	⑳ 공익신탁 재산가액 (「상속세 및 증여세법」 제52조)			㊵ 신 고 세 액 공 제 (「상속세 및 증여세법」 제69조)	2,400,000
	㉑ 장애인 신탁재산가액 (「상속세 및 증여세법」 제52조의2)			㊶ 그 밖의 공제 · 감면세액	
㉒ 채 무 액			㊷ 신 고 불 성 실 가 산 세		
㉓ 증 여 재 산 가 산 액 (「상속세 및 증여세법」 제47조제2항)			㊸ 납 부 지 연 가 산 세		
㉔ 증 여 세 과 세 가 액 (⑰ - ⑱ - ⑲ - ⑳ - ㉑ - ㉒ + ㉓)		500,000,000	㊹ 공익법인 등 관련 가산세 (「상속세 및 증여세법」 제78조)		
증여재산공제	㉕ 배 우 자		㊺ 자진납부할 세액(합계액) (㉞ + ㉟ - ㊱ - ㊲ + ㊷ + ㊸ + ㊹)		77,600,000
	㉖ 직 계 존 비 속		납부방법	납부 및 신청일	
	㉗ 그 밖 의 친 족		㊻ 연 부 연 납		
㉘ 재 해 손 실 공 제 (「상속세 및 증여세법」 제54조)			현금	㊼ 분 납	38,800,000
㉙ 감 정 평 가 수 수 료				㊽ 신고납부	38,800,000
㉚ 과세표준(㉔ - ㉕ - ㉖ - ㉗ - ㉘ - ㉙)		450,000,000	「상속세 및 증여세법」 제68조 및 같은 법 시행령 제65조제1항에 따라 증여세의 과세가액 및 과세표준을 신고하며, **위 내용을 충분히 검토하였고 신고인이 알고 있는 사실을 그대로 적었음을 확인합니다.** 2021년 5월 20일 신고인 홍길동 (서명 또는 인)		
㉛ 세 율		20%			
㉜ 산 출 세 액		80,000,000			
㉝ 세 대 생 략 가 산 액 (「상속세 및 증여세법」 제57조)					
㉞ 산 출 세 액 계(㉜ + ㉝)		80,000,000	**세무대리인은 조세전문자격자로서 위 신고서를 성실하고 공정하게 작성하였음을 확인합니다.** 세무대리인 (서명 또는 인)		
㉟ 이 자 상 당 액					
㊱ 박물관자료 등 징수유예세액			**세무서장** 귀하		

신청(신고)인 제출서류	1. 증여재산 및 평가명세서(부표) 1부 2. 채무사실 등 그 밖의 입증서류 1부	수수료 없음
담당공무원 확인사항	1. 주민등록표등본 2. 증여자 및 수증자의 관계를 알 수 있는 가족관계등록부	

행정정보 공동이용 동의서

본인은 이 건 업무처리와 관련하여 담당 공무원이 「전자정부법」 제36조제1항에 따른 행정정보의 공동이용을 통하여 위의 담당 공무원 확인사항을 확인하는 것에 동의합니다. * 동의하지 않는 경우에는 신청인이 직접 관련 서류를 제출하여야 합니다.

신청인 (서명 또는 인)

210mm×297mm[백상지 80g/㎡]

[별지 제10호서식 부표] 〈개정 2020. 3. 13.〉

증여재산 및 평가명세서

(앞쪽)

관리번호 -

※ 뒤쪽의 작성방법을 읽고 작성하시기 바랍니다.

①재산구분코드	②재산종류코드	③ 소 재 지 · 법인명 등	④사업자등록번호(지분율)	⑤수량(면적)	⑥ 단가	⑦ 평가가액	⑧ 평가기준코드
AII	주택			84.3	500,000,000	500,000,000	
	국외자산 국외재산 여부 [ ]여 [V]부						
	국외자산 국외재산 여부 [ ]여 [ ]부						
	국외자산 국외재산 여부 [ ]여 [ ]부						
	국외자산 국외재산 여부 [ ]여 [ ]부						
	국외자산 국외재산 여부 [ ]여 [ ]부						
	국외자산 국외재산 여부 [ ]여 [ ]부						
	국외자산 국외재산 여부 [ ]여 [ ]부						
	국외자산 국외재산 여부 [ ]여 [ ]부						
	국외자산 국외재산 여부 [ ]여 [ ]부						

계	⑨ 증 여 재 산 가 액	
	⑩ 비 과 세 재 산 가 액	
	과세가액 불산입액	⑪ 공익법인 출연재산가액
		⑫ 공익신탁 재산가액
		⑬ 장애인 신탁재산가액
	⑭ 증 여 재 산 가 액	
	⑮ 합 계	

첨부서류	증여재산 증명서류 [예: 주주(증권)계좌번호 및 신고증명서, 예금통장 사본 등]	수수료 없음

210mm×297mm[백상지 80g/㎡]

과세표준이 1억 원을 초과하는 경우의 ㉚ 세율은 20%가 적용되므로 해당 세율을 기재하고 4억 5,000만 원×20%-1,000만 원을 계산하여 ㉟ 산출세액란에 8,000만 원을 기재합니다.

여기에 신고 기한 내에 신고하고 납부하게 되므로 3%의 세액공제 금액인 240만 원(8,000만 원×3%)을 ㊼ 신고세액공제란에 기재합니다. 그럼 산출세액 8,000만 원에서 신고세액공제 240만 원을 차감한 7,760만 원이 ㊼ 자진 납부할 세액이 됩니다.

● 분할납부

납부할 세액이 1,000만 원을 초과하는 경우에는 「상속세 및 증여세법」 제70조 및 「상속세 및 증여세법 시행령」 제66조의 규정에 따라 분납할 수 있습니다. 이때 분납 가능한 경우는 다음과 같습니다.

1) 납부할 세액이 2,000만 원 이하인 경우에는 1,000만 원을 초과하는 금액에 대하여 분납 가능
2) 납부할 세액이 2,000만 원을 초과하는 경우에는 계산된 납부할 세액의 100분의 50 이하의 금액을 분납 가능

분납 기한은 납부 기한(증여일이 속하는 달의 말일로부터 3개월 이내) 경과 후 2개월이 됩니다.

● 연부연납

납부할 세액이 2,000만 원을 초과하는 경우에는 「상속세 및 증여세법」 제71조 및 「상속세 및 증여세법 시행령」 제67조의 규정에 따라 연부연납을 할 수 있습니다(최대 5년 이내). 다만, 연부연납을 하기 위해서 납세자는 관할 세무서에 담보를 제공해야 하며, 회차별로 분납하는 세액이 1,000만 원을 초과하도록 연부연납 기간을 정해야 합니다. 이때 연부연납에 대해서는 2020년 기준 가산이자율 1.8%를 적용하여 계산한 금액을 함께 납부하게 됩니다.

● 증여세 대납액이란

계속되는 보유세 부담을 조금이나마 줄이고자 명의 분산의 방법으로 (미성년)자녀에게 일부 부동산 자산을 이전하는 경우가 있습니다. 이때에는 증여에 따른 증여세 및 그에 따른 취득세가 발생합니다. 또한 (미성년)자녀의 경우라면, 증여세는 어떠한 자금으로 납부했는지에 대해서도 소명할 필요가 있습니다.

사례를 통하여 설명하여 보겠습니다. 시가(時價) 기준으로 10억 원(공시가격 기준 7억 원) 정도 되는 부동산 자산의 일부 지분(50%-5억 원)을 증여하여 (미성년)자녀가 취득하게 된다면, 증여대상 금액인 5억 원에 대한 증여세(①)가 발생하고, 그에 따른 취득세 3.5%(다주택자이면서 조정대상지역의 공시가격 3억 원을 초과한다면 12%, 지방소득세 별도)가 발생(②)합니다. 이때 취득세를 계산하면 다음과 같습니다.

(다주택자 기준) 취득세 = 공시가격 × 50% × 13.2%

= 3억 5,000만 원 × 50% × 13.2% = 4,620만 원

자녀의 통장 잔액에 취득세 및 납부할 증여세 금액이 있는 경우가 아니라면, 그 금액을 부모가 대신 납부하게 됩니다. 이 경우에는 대신 납부해주는 증여세에 대해서도 증여금액으로 가산하여 증여세를 계산하게 됩니다.

먼저 증여재산에 대한 증여세를 계산해보도록 하겠습니다.

	금액	누진공제
증여재산금액 (A)	5억 원 + 4,260만 원	
증여재산공제 (B)	(2,000만 원)	미성년자 기준
증여세 과세표준	5억 2,620만 원	
세율	30%	
누진공제	6,000만 원	
산출증여세액	9,786만 원	
신고세액 공제	293만 5,800원	산출증여세액×3%
차가감납부세액	9,492만 4,200원	

증여세 과세표준 = 증여재산금액 - 증여재산공제

= 5억 4,260만 원 - 2,000만 원

= 5억 2,620만 원

$$산출증여세액 = 증여세 과세표준 \times 세율 - 누진공제$$

$$= 5억 2,620만 원 \times 30\% - 6,000만 원$$

$$= 9,786만 원$$

$$차가감납부할세액 = 산출증여세액 - 신고세액 공제$$

$$= 9,786만 원 - 293만 5,800원$$

$$= 9,492만 4,200원$$

이때 차가감 납부세액 금액만큼은 증여받은 사람(수증자)이 본인의 능력으로 납부해야 하고, 부모가 대신 납부하는 경우라면 그 금액만큼 다시 증여된 것으로 계산합니다. '증여재산금액(5억 4,260만 원)+증여세 대납액(9,492만 4,200원)=6억 4,112만 4,200원'을 증여재산으로 하여 다시 증여세를 계산합니다. 이렇게 계산하면 다시 차가감납부세액은 1억 2,255만 원 정도로 계산됩니다. 부모님으로부터 부동산 자산과 취득세 외에 현금 9,492만 4,200원을 더 받아서 증여세로 약 1억

	금액	누진공제
증여재산금액	5억 원 + 4,620만 원 + 1억 3,388만 4,626원	
증여재산공제	(2,000만 원)	미성년자 기준
증여세 과세표준	6억 6,008만 4,626원	
세율	30%	
누진공제	6,000만 원	
산출증여세액	1억 3,802만 5,388원	
신고세액 공제	414만 762원	산출증여세액×3%
차가감납부세액	1억 3,388만 4,626원	

2,255만 원을 납부해야 합니다. 그럼 차이 금액이 약 2,760만 원 정도 발생하기 때문에 이 금액이 차이가 나지 않도록 계속 반복해서 계산을 합니다.

위와 같이 계속적으로 반복계산을 하면, 추가로 증여한 1억 3,388만 4,626원 만큼 차가감납부세액으로 계산되고, 최종 납부할 세액이 확정됩니다. 예시를 위하여 금액을 기재하였습니다만, 독자 여러분께서는 (미성년)자녀 또는 소득 없는 성인 자녀에게 부동산 자산을 증여하는 경우라면 처음 예상한 증여세 금액보다 20~30% 이상 증여세 금액이 더 계산될 수 있다는 것을 기억하면 되겠습니다.

증여세를 줄여보자

증여받은 재산을 대상으로 매기는 세금인 증여세는 선택에 의해 발생하는 세금으로, 본인의 의사결정 방법이나 시기에 따라 증여세를 줄일 수 있습니다. 증여 대상 자산의 금액이 낮은 경우에 증여하는 경우에는 증여세를 줄일 수 있습니다. 증여재산의 시가를 기준으로 하기 때문입니다. 또한 증여세는 받는 사람(수증자)이 부담하는 세금이므로 하나의 재산을 여러 명에게 나누어 증여하는 경우에 증여세를 줄일 수 있습니다.

● 명의 분산에 의한 증여

증여세는 증여를 받는 사람 기준으로 그 세액을 계산하여 납부하도록 하고 있습니다. 따라서 특정 부동산을 부모가 자녀에게 증여하는 경우 혼인한 자녀라면 자녀의 배우자와 공동명의를 통하여 증여세를 줄일 수 있습니다. 시세 12억 원 정도로 평가되는 아파트를 단독명의로 증여받는 경우와 배우자와 공동명의로 증여받는 경우를 비교해보겠습니다.

	단독명의 증여	공동명의 증여: 본인	공동명의 증여: 배우자
증여재산가액	12억 원	6억 원	6억 원
증여재산공제	5,000만 원	5,000만 원	1,000만 원
증여세 과세표준	11억 5,000만 원	5억 5,000만 원	5억 9,000만 원
세율	40%	30%	30%
누진공제	1억 6,000만 원	6,000만 원	6,000만 원
산출세액	3억 원	1억 500만 원	1억 1,700만 원

·단독명의 증여 = 11억 5,000만 원×40% − 1억 6,000만 원 = 3억 원

·공동명의 증여(본인) = 5억 5,000만 원×30% − 6,000만 원

= 1억 500만 원

·공동명의 증여(배우자) = 5억 9,000만 원×30% − 6,000만 원

= 1억 1,700만 원

간단한 계산에서 살펴볼 수 있듯이 공동명의로 증여하는 것만으로도 약 7,800만 원(3억 원 − 1억 500만 원 − 1억 1,700만 원)의 증여세 부담을 아낄 수 있습니다. 또한 이렇게 공동명의로 증여받게 되면 공동명의로 취득한 것으로 보기 때문에 종합부동산세 대상이 되는 경우에는 세금을 줄일 수 있습니다.

● 세대생략증여에 대한 할증과세

직계비속에 대한 증여가 이루어지는 경우에 세대를 생략하고 이루어

진 증여에 대해서는 산출세액에 대해 30%를 가산하도록 하고 있습니다. 그러나 본 항목에 대하여 자세히 살펴보면 절세의 실마리를 찾을 수 있습니다. 할아버지가 아버지에게 증여하고, 다시 아버지가 자녀에게 증여하는 경우라면 증여세를 두 번 내게 됩니다. 하지만 할아버지가 아버지에 대한 증여를 생략하고 자녀에게 증여를 한다면, 30%의 세액이 할증되어 가산되지만, 증여세를 한 번만 낼 수 있습니다. 다만, 수증자가 미성년자이며 증여재산가액이 20억 원을 초과하는 경우에는 40%의 세액이 가산되므로 주의가 필요합니다.

예를 들어 할아버지가 아버지에게 시가 10억 원 아파트를 증여하는 경우 증여재산 공제 5,000만 원을 차감하고 2억 2,500만 원*의 증여세가 산출됩니다. 그리고 향후에 다시 자녀에게 10억 원으로 증여한다면 또다시 2억 2,500만 원의 증여세를 부담해야 하기 때문에 결국 4억 5,000만 원의 증여세 부담이 발생합니다.

*증여세 산출세액=(10억 원-5,000만 원)×30%-6,000만 원
 =2억 2,500만 원

그러나 할아버지가 아버지를 생략하고 자녀에게 직접 증여를 한다면, 6,750만 원의 세대생략가산액을 추가로 납부하여 2억 9,250만 원의 증여세만 부담하면 됩니다. 다만, 증여세의 부담은 수증자(재산을 증여받는 사람)이 직접 부담하는 것이므로 자녀에게 2억 9,250만 원의 증여세를 부담할 능력이 입증되어야 합니다.

세대생략증여를 통해 증여세를 줄일 수 있어도 자녀가 실질적으로 증여세를 부담할 능력이 없다면, 증여세에 해당하는 금액도 증여한 금액으로 보고 증여재산가액을 가산하여 새롭게 계산한 증여세액을 납부하게 됩니다.

·기존 증여 금액 : 10억 원

·기존 증여에 대한 증여세 : 2억 2,500만 원

·재계산된 증여 금액 = 10억 원 + 2억 2,500만 원 = 12억 2,500만 원

·증여 공제 : 5,000만 원

·증여세 과세표준 : 11억 7,500만 원

·증여세 산출세액 = 11억 7,500만 원×40%-1억 6,000만 원

　　=3억 1,000만 원

이 계산에 따르면 기존의 증여세액이 2억 2,500만 원에서 3억 1,000만 원으로 증가하였습니다.

📖 주요용어 해설

증여추정 배제기준: 국세청에는 일정 소득 이상이 되는 국민들의 소득과 지출에 대해 분석하고 검정하는 시스템이 있는데, 일정액 이하의 자금은 증여로 보지 않는 것이다. 하지만 이와 면세 기준을 착각해서는 안 된다. 증여추정 배제기준은 행정상 가이드라인이지 증여세를 매기지 않겠다는 세금 면제의 기준이 아니다.

특수관계자: 지배·종속회사, 관계회사, 관련회사, 주주, 임원, 종업원 및 회사와 밀접한 거래 관계에 있는 자로서 회사의 경영이나 영업정책에 영향을 줄 수 있는 자를 의미한다.

부담부증여: 배우자나 자녀에게 부동산 등 재산을 사전에 증여하거나 양도할 때 전세 보증금이나 주택담보대출과 같은 부채를 포함해서 물려주는 것. 증여세나 양도세를 산정할 때 부채 부분을 뺀 금액을 기준으로 계산하기 때문에 절세 수단으로 활용돼 왔다. 채무를 증여받는 사람에게 넘기기 때문에 증여를 하는 사람에게 증여세를 과세하지 않는 대신 증여자가 채무액만큼 재산을 판 것으로 보고 양도소득세를 과세하게 된다. 또한 상대방이 조건을 이행하지 않으면 증여를 해제할 수 있다. 부모 봉양을 조건으로 주택을 증여했는데 아들이 부모를 봉양하지 않으면 부모는 계약을 해제할 수 있다.

증여재산공제: 가족, 친족 간에 증여할 때 일정액을 공제해주는 것이다. 10년 동안 배우자로부터 증여받으면 6억 원, 자녀가 부모로부터 증여받으면 5,000만 원(미성년자는 2,000만 원)을 증여재산에서 공제해주는 것이다.

✍️ 세무 상담을 받을 때 반드시 확인해야 할 것들

① 의사결정의 명확화

특정 물건에 대해 보유할 것인지, 매도할 것인지에 대한 의사결정이 먼저 이루어져야 합니다. 보유를 계속한다면 재산세 및 종합부동산세 고려 대상이 될 것이며, 매도의 의사결정이 이루어진다면 양도소득세에 대한 고려가 필요하게 됩니다. 세금은 투자수익에 영향을 미치지만 의사결정이 이루어진 후에 발생하는 것들입니다. 양도소득세는 양도가 이루어져야 발생하게 됩니다.

② 미리 준비해야 할 사항들

적어도 다음의 사항들은 미리 준비해야 합니다. 양도소득세 상담이라면 해당 물건을 어느 가격에 매수했는지, 어느 가격에 매도 예정인지 규정들이 세분화되고 있기에 주요 항목은 미리 담당 세무사나 회계사에게 전달하는 것이 좋습니다. 주요 항목은 다음과 같습니다.

1) 해당 주택의 소재지: 조정대상지역의 여부에 따라 비과세 요건이 다르기 때문에 구분이 필요합니다.
2) 해당 주택의 취득 방법: 일반 매매에 의한 취득인지, 증여로 인한 취득인지 구분이 필요합니다.
3) 취득일, 취득 금액, 처분 예정일, 처분 예정 금액: 해당 내용이 정리가 되어야 예상 양도소득세가 계산 가능합니다.
4) 세대가 보유한 전체 주택: 조정대상지역의 경우 주택 수에 따라 적용 세율이 달라집니다. 특히 주거용 오피스텔은 생략하지 않으셨으면 합니다.
5) 임대등록 주택의 여부: 취득일, 임대 등록일, 등록 시 공시가격 여부는 필수 사항입니다.

③ 상담 중에 유의해야 할 사항

적어도 세대 내의 보유 주택에 대해서는 숨기지 않고, 모두 말해야 합니다. 가장 많이 실수하는 부분이기도 하지만, 임대 등록한 주택의 경우 주택 수에서 제외되지 않음에도 나머지 주택에 대해서만 이야기를 나누고 그 결과로 의사결정을 하는 경우가 매우 많습니다. 그리고 해당 내용으로 양도한 후 세율 적용이 잘못되어 다시 찾아오는 경우가 제법 있습니다. 세무사나 회계사는 법에 의하여 업무상 알게 된 고객의 정보를 함부로 다른 사람에게 알리지 못하게 되어 있으므로 최대한 많은 정보를 오픈하기 바랍니다. 특히 임대 등록한 주택뿐만 아니라 주거용 오피스텔의 경우에도 현황상 주택으로 사용하고 있다면, 반드시 목록에 포함하여 상담할 때 이야기를 나누길 바랍니다. 오피스텔은 「주택법」상 주택이 아니지만, 현황상 주택으로 사용하고 있다면 양도세 고려 시 주택 수에 합산되어야 합니다.

④ 상담 후에 확인해야 할 사항

상담을 진행하고 나서 해당 결과에 대하여 실제 의사결정의 시간이 지체되는 경우에는 반드시 다른 전문가를 통하여 재확인하기를 바랍니다. 워낙 자주 개정되고 있기에 상담일자와 실제 의사결정의 시간이 차이가 난다면 그 사이에 다른 개정 내용이 반영될 수도 있기 때문입니다.

부동산 세금 주요 신고 일정

1년 365일 세금 신고 일정표

5월 31일	양도소득세, 종합소득세 확정신고 기준일
6월 1일	재산세, 종합부동산세 책정 기준일
12월 1일~15일	종합부동산세 납부기한

● **취득세**[고지서 또는 안내서 없음, 납부기한 내 신고 납부]

부동산을 취득한 날부터 60일 이내에 취득세를 신고 · 납부해야 합니다.

● **종합부동산세**[고지서 발부, 납부기한 내 납부, 납부기한 중 신고 및 납부 가능]

매년 6월 1일을 과세기준일로 하여 현재 소유하고 있는 부동산을 기준으로 과세 대상 여부를 판정합니다. 주민등록상 주소지 관할세무서에서 납부할 세액을 결정 · 징수합니다.

- 1차로 부동산 소재지의 관할 시 · 군 · 구에서 재산세를 과세합니다.
- 2차로 공제 금액의 초과분에 대해서 주소지의 관할세무서에서 종합부동산세를 과세합니다.
- 관할세무서에서는 납부기간 개시 5일 전까지 납세고지서를 납세자에게 전달합니다.
- 종합부동산세를 신고 납부방식으로 납부하고자 하는 경우에는 납부기한(12월 1일부터 12월 15일)까지 신고 납부가 가능합니다.

● **재산세**[고지서 발부, 납부기한 내 납부]

매년 6월 1일을 과세기준일로 하여 현재 소유하고 있는 토지와 건물 등을 보유한 자에 대하여 재산세를 부과합니다.

- 건물분 재산세는 7월 16일부터 7월 31일까지 토지분 재산세는 9월 16일부터 9월 30일까지 해당 시 · 군 · 구청에 납부해야 합니다.
- 주택분 재산세는 계산된 금액의 2분의 1을 7월 16일부터 7월 31일까지, 나머지 2분의 1을 9월 16일부터 9월 30일까지 시 · 군 · 구청에 납부합니다.

● 임대소득세(안내서 발부, 납부기한 내 신고 및 납부)

• 월세 임대: 2주택 이상을 소유한 경우에만 수입 금액을 합산하여 과세합니다. 다만, 기준시가 9억 원을 초과는 주택을 소유한 세대는 1주택만 소유하고 있어도 월세 수입에 대하여 과세합니다.

• 전세 임대: 3주택 이상을 소유한 경우에만 간주임대료를 계산하여 과세 대상이 됩니다.

● 양도소득세(안내서 발부, 납부기한 내 신고 및 납부)

과세 대상 자산을 양도한 거주자의 경우 양도소득세를 신고 및 납부해야 합니다.
예정신고와 확정신고 방법이 있는데 다음과 같은 시기에 납부하면 됩니다.

• 예정신고: 부동산(토지 또는 건물)과 부동산에 관한 권리를 양도한 경우 양도일이 속하는 달의 말일부터 2개월 이내에 신고 및 납부해야 합니다.

• 확정신고: 전년도의 양도소득에 대해 다음해 5월 중으로 관할세무서에 양도소득세 확정신고를 해야 합니다.

● 상속세와 증여세(증여세만 안내서 발부, 납부기한 내 신고 및 납부)

상속인은 상속 개시일이 속하는 달의 말일로부터 6개월 이내, 수증인은 증여를 받은 날이 속하는 달의 말일로부터 3개월 이내에 주소지 관할 세무서에 신고 및 자진 납부해야 합니다.

● 가산세

• 각 세금별로 정해진 신고기한을 넘기게 되면 10~40%의 신고 불성실 가산세가 발생합니다.

• 각 세금별로 정해진 납부기한을 준수하지 못하면 3%의 납부지연가산세가 부과됩니다. 또한 각 세금별로 계산된 세액이 100만 원 이상으로 납부기간 경과 시 1일마다 0.025%의 납부지연가산세가 최대 5년까지 부과됩니다.